상처받은

세상 모든 청춘아,

괜찮다

한번쯤
넘어져도
괜찮아

한번쯤
넘어져도
괜찮아

브렛 머레이 지음 | 윤서연 옮김

상처받은 세상 모든 청춘아, 괜찮다

아직 한번도 날아오르지 못한 청춘들이여,
자기 안의 에너지를 찾아 꿈의 지도를 그려라.

한번쯤 넘어져도 괜찮아

우리 인생은 아직 시작되지도 않았다!

내가 열여섯 살 때, 학교를 졸업하고 첫 번째로 택했던 직업이 철판 가공업이었다. 이때 나는 다양한 동료들과 이곳저곳에서 일을 했다. 우리 회사는 전국의 큰 규모 창고나 작은 공장 등에 필요한 철강재를 가공하는 일을 했다. 경영자가 나를 해고하기 전까지는 정말 멋진 일이었다. 그 일을 하며 굉장한 장소들을 발견할 수 있었기 때문이다. 그 중의 한 곳이 남부 뉴사우스웨일스 주 나우라의 캥거루 계곡이다.

우리는 산 정상 바로 아래 동쪽 능선에 있는 농장에 트랙터 창고를 만들었다. 그곳 부지는 매우 아름다웠다. 농장 주인 가족은 낡은 농가에 살았는데 목재 가옥과 앞 베란다에는 덩굴이 뒤덮고 있었다. 우리는 해 뜨기 전에 그곳에 도착하여 어둑어둑해져야 돌아오곤 했다. 계절이 겨울로 바뀌고 있었기 때문에 해가 산 뒤로 넘어가면 기온이 급속히 떨어졌다. 5시 반쯤 농가 지붕의 아늑한 연기를 보면서 천천히 일을 마무리하다 보면 부엌 커튼 너머로 따뜻한 빛이 흘러나오곤 하던 걸 아직 생생히 기억한다. 싸늘하지만 선명한 회색빛으로 감도는 밤하늘에는 벽난로의 연기가 서서히 피어올라 하늘로 흩어졌다.

당시에 우리는 아주 높은 건물을 짓고 있었다. 그래서 건물이 하나씩 완성될 때마다 우리는 마치 별이라도 만질 수 있을 것 같은 황홀한 기분에 빠졌다. 그곳은 나의 상상력을 자극했다. 어쨌든 그때의 그 산 위에서의 작업은 오늘날까지 나에게 큰 영향을 주고 있다. 산 위의 풍경이 나에게 활력을 불어넣어주었다. 이때 나는 열여섯밖에 되지 않았지만, 스스로 경험한 것에 깊이 매료되어 나 자신에게 이런 질문을 던지곤 했다.

'내가 여기에 왜 있지?'

'나는 누구지?'

'나는 무엇이 되고 싶은 거지?'

이때 나는 내 인생의 특별한 무언가를 찾고 있었던 것이다. 하지만 열여섯 살이 되기 전에도 그런 느낌은 항상 있었다. 내가 더욱 큰일을 해내고 위대한 목적을 달성할 것이라는 그런 느낌. 내가 더 성장한 후 나에게는 이루어야 할 목적이 있을 것이고, 어떤 소명과 같은 운명이 존재한다는 것, 그리고 지금 하는 일보다 훨씬 더 위대한 어떤 일을 할 수 있으리란 것을 나는 알았다. 나는 날아오를 수 있을 것 같았다.

비록 길지 않은 삶을 살았지만 내 인생을 되돌아보면서 깨달았다.

누구나 스스로의 선택으로 이 세상을 얼마나 높이 날 수 있느냐를 결정하게 된다는 것을. 군중 속에서 평범하게 살 수도 있고, 아니면 더 나아가 위대한 삶을 성취하며 살 수도 있다. 만약 현재에 머물고 싶지 않다면 우리는 스스로의 삶을 축복해야 한다. 그렇게 된다면 누구든 스스로 동기부여를 할 수 있다. 그리고 다른 사람이 꿈을 이루도록 격려할 수 있다.

나는 젊은이들을 위한 조직인 데어옵스DARE:Ops를 이끌고 있다. 데어옵스가 하는 일은 젊은이들이 꿈을 달성하고 꿈을 위해 살도록 격려하는 것이다. 데어옵스는 청소년들에게 자존감이라는 동기를 부여한다. 또한 팀원들이 스트레스를 받는 상황에서 스스로에게 동기부여를 하도록 돕고, 취업 준비를 위해 신병훈련소에서 1주일간 극기 훈련을 실시하기도 한다. 지난 4년간 TV와 라디오뿐 아니라 신문과 잡지에서도 우리에게 큰 관심을 보였다.

우리는 열 명의 문제아들과 함께 그 유명한 파푸아뉴기니의 코코다 트랙으로 떠났다. 한 방송사에서 취재를 와서 우리들의 상황과 일어나는 일들을 전국 방송으로 내보냈다.

이것이 방영된 후 또 다른 방송사에서 또다시 촬영 제안이 들어왔다. 이번에는 웨스턴오스트레일리아 주 북동쪽에 있는 바위로 둘러싸인 킴벌리 지역을 통과하는 극한 도전을 시리즈로 촬영하고 싶다는 것이었다. 이것은 지금 방영중이다. 이 TV 방송으로 인해 '데어 캠프'가 탄생했다. 이 프로그램이 두 번째로 방송됐을 때는 그 열기가 전국을 사로잡았다.

내가 이 나라에서 가장 큰 TV 방송국에서 TV 쇼를 진행하리라고 그 누가 상상할 수 있었겠는가? 아마 모두들 말도 안 되는 소리라고 했을 것이다. 하지만 이 말도 안 되는 상황이 현실에서 일어났다. 나의 꿈은 펼쳐지기 시작했고 이 여정을 통해 나는 한 가지 엄청난 것을 깨달았다. 그것은 내가 어떤 길을 하고자 할 때 누군가의 허락을 받을 필요가 없다는 것이다.

이건 실로 놀라운 깨달음이었다. 대부분의 사람들은 꿈을 이루거나 아니면 목표를 달성하려 할 때도 그에 대해 동의를 얻으려고 한다. 사회가 으레 그렇기 때문이다. 바로 이 점이 내가 이 책 전반에 걸쳐 말하고자 하는 중요한 요지다. 당신은 그 누구에게도 동의를 얻을 필요가 없다. 당신 본인이 동의한다면 당신은 꿈에 한 발짝 더 다가간 것이다.

어렸을 때부터 나는 젊은 사람들이 꿈을 꾸는 것을 돕고, 그들이 사회에 해가 되는 사람이 아니라 귀중한 보물 같은 사람이라는 것을 스스로 깨닫게 해주고 싶었다. 젊은이들에게 멘토가 되어주고 싶다는 열망은 언제나 나의 가슴에 있었다. 또 다른 꿈은 복싱 챔피언이 되고, 가족을 갖고, 그리고 그 가족이 풍족하게 사는 모습을 보는 것이었다.

이게 나의 꿈이었다.

당신의 꿈은 무엇인가? 어떤 인생을 살길 원하는가? 당신은 누구의 허락을 받을 필요가 없다! 허락받으려 해도 이 세상이 당신의 요청을 거부할 테니까 말이다. 여기에 내가 말하고자 하는 핵심이 있다. 그것은, 우리는 이미 태어난 그 순간부터 날개를 달고 가장 높은 곳까지 날아가도 된다는 허락을 받았다는 것이다.

우리에게는 날아오를 권리가 있다.

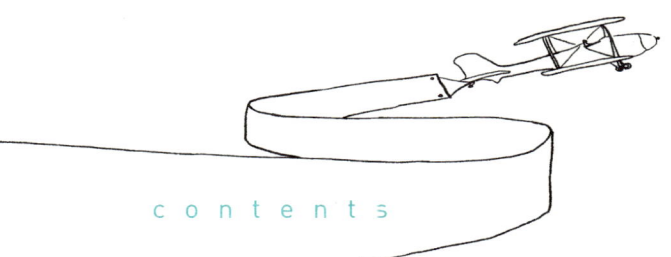

c o n t e n t s

Fly

01
비행사 기질을 시험하라

인간은 마음에 품을 수 있는 모든 것을 성취할 수 있다.
- W. 클레멘트 스톤

나를
정확히
돌아보기

당신은 누구인가? 이런 질문을 받으면 사람들은 얼굴을 붉히면서 목소리를 높인다. 그리고 이렇게 소리 지른다. "당신은 나를 뭐라고 생각하는데?" 이 질문은 내가 자동차 도색 견습생이었을 때, 그리고 소규모의 장사를 했을 때 나 자신에게 던졌던 질문이다. 문제 있는 가정의 아이로서, 학교에서 왕따를 당했던 아이로서 스스로에게 던져보았던 물음이다. 또 운전 면허 학원 매니저로 있을 때도, 2003년에 뉴사우스웨일스 주 선거에서 나이 어린 후보자로 나섰을 때도 나 자신에게 그렇게 물어보았다.

서핑·해양 구조대·수영·권투를 하면서도, 프로 럭비 연맹·아마추어 럭비 협회에 소속되어 경기를 할 때에도 나에게 이 질문을 했다. 이것은 내 인생에서 끊임없이 계속되는 질문이며, 앞으로도 그럴 것이다. 당신에게도 마찬가지다. 세상은 우리에게 항상 묻는다. "당신은 누구인가?" 이 질문을 받으면 반드시 증명해 보이고 싶어진다. 수많은 젊은이들에게 강연을 할 때 나는 항상 그들에게 물음표를 던졌다.

당신은 누구인가?

어떤 학생들은 즉각적으로 이름을 말한다. 전형적인 태도로 어색해하면서 키득키득 웃는 남학생들도 있다. 대부분은 조용히 앉아서 답을 말해줄 때까지 기다린다. 만약 당신이 꿈과 목표를 현실로 만들고자 한다면 이 질문에 대답해야 한다. 그 대답은 우리가 여덟 살 되었을 때쯤에 이미 만들어졌고, 우리는 그 답을 알고 있다. 모두가 이미 답을 안다. 우리의 성격은 여덟 살 정도까지 형성된다. 그 시기의 경험은 이 질문의 답에 막대한 영향을 준다.

그렇다면 당신은 자신을 누구라고 생각하는가? 당신 자신에 대해 어떻게 생각하는가? 당신은 거울 앞에 선 당신의 모습을 좋아하는가? 대부분의 사람들은 자기 모습을 왜곡된 시각으로 바라본다. 다른 사람들의 평가에 의존하여 자기 자신을 바라보는 경향이 있다. 또 과거가 자신을 이해하는 데 큰 영향을 미친다. 나의 과거도 확실히 나의 자부심에 큰 영향을 미쳤다. 나의 자아에 큰 영향을 주었던 몇 가지 에피소드를 소개해보려 한다.

마음이 그러하다면 인격도 그러하다.
– 구약 성서

못생기고
늦자란
오줌싸개

나는 성장 과정이 그리 순탄치만은 않았다. 어렸을 때 기억을 아무리 샅샅이 뒤져봐도 어머니와 아버지는 말이 없는 분들이었다. 아홉 살 때 부모님은 별거에 들어갔고, 열 살이 되던 해에 두 분은 이혼을 하셨다. 내가 어렸을 때는 이혼이란 게 흔치 않아서 부모님의 이혼과 동시에 학교에서 나는 이상한 집 아이라는 꼬리표가 붙게 되었다. 그 자체가 나에게는 충격이었다. 내가 결손 가정의 아이라니! 하지만 불행하게도 요즘 시대에는 이런 아이들이 참 많다.

내가 이런 힘든 일을 겪고 있을 때 의사들은 나에게 주의력 결핍 행동장애라는 진단을 내렸다. 그것은 감정적으로 힘든 시기를 겪고 있거나 나처럼 에너지가 넘쳐나는 아이에게 일종의 표 딱지 같은 것을 붙이는 일이다. 정말 감사하게도 어머니는 나에게 약을 먹이지 않으셨다. 하지만 진짜 주의력 결핍 행동장애를 겪는 경우에는 약 처방이 필요하다. 나는 의사가 너무 과하게 진단을 내렸을 뿐이다. 그래서 나와 같은 많은 아이들이 자살 충동 같은 부작용이 일어날 수 있는데도 불구하고 불필요하게 약을 먹게 된다.

어머니의 해결책은 단순했다. 나에게 더 많은 운동을 시켜서 에너지를 다 발산하도록 유도하였다. 주의력 결핍 행동장애로 진단을 받았다는 것과 이혼한 가정의 자녀라는 것 외에 나의 자아상에 지대한 영향을 미친 세 가지가 있었다.

나는 내가 못생겼다고 생각했다!

나는 2주에 한 번씩, 주말이면 아버지 집에 갔다. 그리고 아버지는 기억하지 못할 하나의 사건이 일어났다. 제삼자가 듣기에는 아무 일이 아닐 수도 있다. 하지만 나에게는 결코 잊지 못할 사건이다. 어린아이들은 아버지가 한 말이나 행동을 상당히 정확하게 기억한다.

fly　당신과 아버지와의 관계를 잠시 동안 생각해보십시오. 당신의 남자다움은 (당신이 원하건 그렇지 않건 간에 무의식적으로) 당신의 아버지에게 근간을 두고 있습니다. 대부분의 남성들은 놀랍게도 그들 아버지의 독특한 버릇과 자세 그리고 심지어는 말투까지도 몸에 깊숙이 배어 있다는 것을 깨닫게 됩니다. 그리고 그것은 언제든지 갑작스럽게 나타날 수 있습니다.
　　　－스티븐 비덜프, 〈남성다움〉

어느 금요일 오후였다. 아버지가 형 클렉과 나를 데리러 학교에 왔다. 우리는 아버지의 친구, 직장 동료들이 함께 바비큐 파티를 하는 곳으로 갔다. 거기서 나는 열한 살 소년 시절의 풋사랑이자 첫 번째 여자 친구인 스테이시 코너에게서 전화 한 통을 받았다. 전화를 끊고 바비큐가 있는 '남자들만의 공간'에 들어갈 준비를 하면서 나는 마침내 내가 뭔가를 해냈고 아버지의 인정을 받게 될 거라고 생각했다.

나는 어렸을 때 아버지로부터 인정받는 말을 들어본 기억이 없다. 아버지는 "내 아들이 자랑스럽다."라든지 "너의 아버지인 것이 자랑스럽다." 혹은 "이 아이가 나의 아들이네." 같은 단순한 칭찬조차 하지 않았다. 마치 아들을 인정해주는 대화라고는 전혀 할 줄 모르는 사람 같았다. 결국 스무 살이 될 때까지 한 번도 아버지에게 그런 종류의 말을 들어보지 못했다. 하지만 나는 그래도 아버지가 나를 자랑스러워하고 사랑한다는 증거를 계속 구하고 있었던 것 같다. 나는 전화를 끊고 바비큐 장소로 갔다.

아버지는 그릴 옆에 서 계셨다. 한 손에는 불쏘시개를 쥐고 다른 손에는 병맥주를 들고 전화한 사람이 누구냐고 물었다. 아버지가 자랑스럽게 여길 만한 일을 내가 해냈다는 걸 세상에 알릴 기회였다. 그 당시 내가 열한 살이었다는 것을 기억해주기 바란다! 나는 자랑스럽게 "제 여자 친구 스테이시예요."라고 말했다. 그런데 아버지는 "널 뭘 보고 좋아하니? 네가 어떻게 생겼는지 못 본 거 아니니?"라고 직격탄을 날리셨다.

나는 몸을 움직일 수가 없었다. 아버지는 단순히 농담을 한 것이었고, 모든 아버지들이 자녀에게 상처를 주고 싶어하지 않는 것처럼, 아버지도 나쁜 의도로 한 말은 아니었다는 걸 안다. 아버지들은 그들의 아버지가 그들에게 했던 행동들을 그저 답습하는 것뿐이다. 하지만 그 말은 나에게 상처가 되었다. 아버지의 입에서 나온 말은 나를 열 길 아래 나락으로 떨어뜨렸다. 어제 버린 쓰레기처럼 스스로가 쓸모없는 인간이라 느껴졌다. 성경에 보면 삶과 죽음은 혀의 권세에 달려 있다고 한다.

어릴 때 가장 큰 영향을 미칠 수 있는 인물이 바로 아버지라고 생각한다. 이 책을 읽고 있는 아버지가 있다면 자신이 아이들의 삶에 엄청나게 중요한 역할을 맡고 있다는 것을 제발 알아주기 바란다. 여자 아이든 남자 아이든 그 아이들은 당신에게서 그들의 자존감과 개성을 발견해나갈 것이다. 아이들은 자신이 얼마나 가치 있는 사람인지를 아버지를 통해 배워간다. 아버지는 자녀를 격려하며 내 아들과 내 딸이 얼마나 귀한지를 가르쳐줄 수 있다. 자녀들에게는 그들이 보호받을 만한 가치가 있다는 것을 보여줘야 한다.

남자 아이들은 아버지가 "아들아, 자랑스럽다. 역시 내 아들이야."라고 말할 때 어떤 사람이 진정한 남자이고 남자는 무엇을 해야 하는지에 대한 기준이 선다. 아버지가 그런 말이나 행동으로 가르친다면 아이들은 자신이 소중하고 가치 있게 그리고 정당하게 대우받는다고 느낀다.

물론 어머니의 역할이 아버지만 못하다는 것은 아니다. 부모 둘 다 자녀 양육에 지대한 역할을 한다. 그러나 안타깝게도 편모나 편부 아래서, 아니면 고아로 자라는 아이들이 많다. 그것은 아이들에게 상처가 된다.

나는 몇 달 전에야 비로소 나의 외모에 대한 자아상이 10대 때 그런 일들을 겪으면서 정말 형편없어졌다는 것을 깨달았다. 옛날 교과서와 수첩을 뒤적여보니 스스로를 못생겼다고 생각하면서 적어놓은 낙서가 많이 있었다. 결국 정확하게 그 단어를 사용하지 않았어도 아버지가 나를 그렇게 부른 것이나 다름없었다.

오줌싸개인 것이 알려지다!

나는 열다섯 살 때, 내가 가장 두려워하는 것이 뭔지 깨달았다. 그것은 나의 약점이 발각되는 것이었다. 1988년 2월, 학교 수련회에 가게 되었다. 모두 남학생들뿐이었다. 이때 나의 약점은 바로, 상습적으로 침대에 실례를 하곤 했다는 것이었다. 믿기지 않겠지만 사실이다. 나는 스무 살까지 실수로 오줌을 싸곤 했다.

인간으로서 우리는 스스로를 방어하기 위해 때로는 남을 공격한다. 다른 사람의 약점에 이목을 집중시켜 자신의 약점이 드러나지 않도록 한다.

하지만 이것은 내가 경험한 바에 의하면, 때로는 되로 주고 말로 받는 경우가 생긴다. 수련회 첫날 밤, '그 일'이 또 일어나고야 말았다. 내 침대에 사람들의 이목이 집중될까 봐 나는 다른 아이들의 침대를 타고 넘으면서 장난을 걸었다. 면도 크림과 치약을 칠하고 나뭇가지와 껍질을 던졌다. 하지만 장난은 곧 내 통제 수준을 넘어버리고 말았다. 친구들이 갑자기 흥분해서 침대를 차례로 돌면서 장난을 계속했던 것이다. 그러고는 내 침대에서 멈췄다. 내 침대가 흥건히 젖어 있는 것이 발각되었다. '친구' 중 한 녀석이 교관의 방에서 확성기를 가지고 와서는 150명의 학생들이 지켜보고 있는 가운데 "머레이가 오줌을 쌌다!"라고 외쳤다.

그 후 나는 학교에서 매일같이 오줌싸개라고 놀림을 받으며 지내야 했다. 아이들이 나에게 기저귀를 줬을 때는 정말 견디기 힘들었다. 그 사건이 있은 후의 4일은 내 인생에서 유일하게 자살을 생각했던 시간이었다. 웃기다고 생각할 수도 있겠지만 나에게는 죽고 싶다고 생각될 정도로 충격적인 사건이었다. 만약 그때 내 머릿속에 "괜찮아. 너는 더 큰일을 해낼 거야."라는 그 희미한 음성이 들리지 않았다면 나는 정말 후회할 일을 했을지도 모른다.

뒤늦은 발육

이런 모든 시련들과 친구들의 괴롭힘은 나의 자존감을 완전히 뭉개버렸다. 그러나 그 해 말에는 차라리 창피를 당하는 게 나을 것 같은 또 다른 문제가 등장했다. 그 일로 인해서 나는 우리 반의 아이들과는 다른, 아니 다른 아이들이 나와는 매우 다른 사람이 되었다.

열다섯 살이 되어서 학교를 졸업할 때 나는 못생기고 오줌싸개일 뿐만 아니라 아직 변성기가 오지 않은 소년이었다. 아이들은 이렇게 소리치곤 했다. "야 합창부 소년!" "네 변성기는 언제쯤 시작되냐?"

나는 열일곱 살이 되어서야 사춘기가 시작됐다. 열다섯 살에 나는 내가 못생기고 사춘기도 시작되지 않은 오줌싸개에다가 상대적으로 가난하게 사는 결손 가정의 아이라고 생각했다!

하지만 이 상황에서도 미래를 준비하지 못할 이유는 없다!

fly

나는 어렸을 때 학습 장애 판정을 받았고 학습이 불가능할 것이라고 했다. 다시는 읽기나 쓰기 또는 적절한 대화를 할 수 없을 것이고, 어떤 것도 할 수 없을 것이며, 평생 그리 달라지지 않을 거라고 했다.

- 존 F. 드마티니

똑같은
청바지를 입는
아이들

사람들은 저마다 나를 바라보는 그들만의 생각이 있다. 나를 좋아하지 않는 사람이거나 나의 경쟁 상대라면 그들이 바라보는 관점은 내가 생각하는 나와는 상당히 다를 것이다. 이것은 어찌할 수 없는 현실이다. 사실을 따지고 보면 내가 주변 사람들을 평가하는 것처럼 그들도 또한 나에 대하여 평가하는 것이다.

안타깝게도 사람들은 남들의 평가를 너무 신경 써서 스스로의 평가보다도 더 중요하게 생각한다. 그리고 더욱 안 좋은 것은, 자기를 보는 다른 사람의 생각이 자신에게 영향을 미치는 것이다.

이는 실제로 일어나는 일이다. 내가 대화해본 많은 여학생들은 다른 사람이 자기를 어떻게 생각하는지 너무 많이 고민하고, 특히 남학생이 자신을 어떻게 보는지 걱정한다. 무엇을 입을 것인지, 어떤 머리를 할 것이지, 어떤 향수를 뿌릴 것인지, 심지어는 어떤 CD를 구입할 것인지에도 영향을 받는다.

남학생의 경우는 더하다. 그들은 이 사실을 인정하려고 하지 않지만 (인간은 누구나 사랑받고 용납받고자 하기 때문에) 남학생들의 이런 경향이 어쩌면 여학생들보다 더 분명할지도 모른다. 아이들은 자신이 개성이 있다고 생각하지만, 사실 모두 똑같이 강한 바람 한번 불면 벗겨질 것 같은 풍덩풍덩한 청바지를 입고 있지 않은가. 해변에서나 시내 근교에서나, 상급반에서나 큰 쇼핑몰에서나 어리거나 젊은 셀 수 없이 많은 남학생들이 모두 같은 방식으로 '다름'을 추구하고 있다. 유일하게 다른 것은 청바지 위에 걸쳐 입은 큰 티셔츠의 무늬뿐이다!

우리는 타인의 시선을 지나치게 의식한다. 하지만 재미있는 것은, 거시적으로 그들의 시선은 나에게 전혀 도움을 주지 않는다는 것이다. 특히 학교 친구들의 시선은 더욱 그렇다.

통계에 따르면 95% 이상의 학생들이 졸업한 이후 더 이상 친구들을 만나지 않는다고 한다. 그것이 하나의 이유라면 또 다른 이유는, 나에 대하여 사람들이 하는 근심은 직장과 같이 현실적인 문제들이 생겼을 때 내 인생에 전혀 보탬이 되지 않는 것들이라는 것이다. 동갑내기 친구들의 생각은 내가 면접을 볼 때는 전혀 영양가가 없다. 일을 하거나 운동을 할 때 다른 사람들의 생각은 중요하지 않다. 그러니 사람들이 나를 어떻게 생각할까 너무 조바심 내지 않아도 된다.

진실은
당신이
챔피언이라는 것!

진실은 무엇일까? 당신은 진실을 들을 준비가 되어 있는가? 매번 이 질문을 할 때마다 나는 누군가가 나를 갈기갈기 찢어놓는 것 같다. 아마 그 누군가는 바로 나일 것이다.

이에 대해 아주 평범하게 이야기할 수도 있다. 내가 죽기로 결심했을 때 어떤 희미한 음성이 나에게 너는 큰일을 할 사람이라고 말해줬다는 것을 기억하는가? 그렇다. 그것 말이다. 이 말은 당신에게도 또한 진실이다. 당신은 이미 승자로 이 세상에 태어났다! 당신은 엄마 배 속 경주에서 일등을 한 우승자였다는 것을 알고 있는가? 그것은 죽느냐 사느냐의 경주였고, 당신은 거기서 단독 우승을 차지했다. 내가 무슨 말을 하고 있는지 알겠는가?

당신이 생긴 것은 낡은 차의 뒷좌석에서일 수도 있고 12월 마지막 날의 해변에서일 수도 있다. 어쩌면 뉴욕이나 파리 또는 아프리카 사파리에서 낭만적으로 계획된 밤이었을 수도 있다. 아니면 할아버지, 할머니 집의 침대에서이거나 혹은 당신이 지금 살고 있는 그 집에서일 수도 있다. 하지만 변치 않는 하나의 사실은, 아니 진실은, 당신의 생물학적인 부모님이 서로 교합함으로써 당신은 대략 3천만 개의 다른 세포들(아버지가 얼마나 건강한지에 따라 다르겠지만)과 인생을 건 경주를 시작했다는 것이다. 오직 한 명의 우승자만이 있을 수 있고, 만약 두 명이 승리한다면 쌍둥이가 될 테지만, 어쨌든 나머지 3천만 세포들을 제치고 당신이 그 경주에서 승리자가 되었다!

이해하겠는가? 당신은 챔피언이었기 때문에 태어날 수 있었다. 세상에 태어난 이후 주변 사람들에게 어떤 말을 들어왔건 당신은 '실수'로 태어난 것이 아니다. 그건 말도 안 되는 바보 같은 소리다. 실수? 그건 변명 같지도 않은 변명이다. 당신이 생길 때의 환경이 어떠했든 간에, 극도로 흥분한 상태였건, 만취한 상태였건, 아무 생각이 없었건, 원하지 않았었건, 정신을 잃었었건 간에 당신은 놀라운 창조물이다. 누가 그 치열한 경쟁의 우승자일까? 당신. 바로 당신이다. 당신은 챔피언이고 우승자이며 위대한 일을 하기 위해 태어났고 최고이고 세상에서 하나밖에 없는 자다. 이것이 진실이다.

> 진리를 알지니 진리가 너희를 자유롭게 할 것이다.
> – 요한복음 8:32

당신이 이따금 듣는 그 격려의 목소리는 당신에게 주어진 유산이다. 실패가 아닌 승리의 유산이다. 당신은 패배자가 아니다. 실패를 배운 것뿐이다.

칭찬을
연습하면
우리는 근사해진다

데어옵스 캠프를 운영하면서 알게 된 것은 여학생이나 남학생 모두 가장 어렵다고 생각하는 것은 육체적으로 힘든 일이 아니라는 것이다. 우리가 '골든 글러브Golden Gloves'라고 부르는, 아무것도 아닌 것같이 보일지 모르지만 정말 필요한 것이 있다. 나는 모든 학급과 기업 그리고 운동 단체, 가정에서 이 골든 글러브를 연습해야 한다고 본다(이것이 아마 내가 강요하는 유일한 일일 것이다).

골든 글러브는 서로 격려를 주고받는 게임이다. 어떤 사람을 공식적으로 칭찬하는 것이다. 골든 글러브 시간을 통해서 아이들은 다른 사람을 칭찬하는 것이 얼마나 괜찮은 일인지를 배운다. 아마추어 복싱 경기에서 같은 체급의 사람들을 모두 이긴 최고 중의 최고 선수를 골든 글러브라고 부른다. 골든 글러브 게임은 매우 단순하다. 평생 어디에서든 써먹을 수 있다.

게임은 이렇게 진행된다. 여러 사람들이 동그랗게 앉고 한 사람을 골라 그 원 가운데 앉힌다. 데어옵스에서는 말 그대로 황금색의 권투 글러브를 준비하지만 꼭 필요하진 않다. 중심에 있는 사람이 유일하게 할 수 있는 말은 '고마워'이다. 나머지 사람들에게는 한 번에 한 문장씩 가운데 있는 사람에 대하여 말하도록 한다. 그 문장은 '너, 내가 너의 ～부분을 좋아하는 거 알지?'가 되어야 한다. 여기서 중요한 것은 말하는 사람이 듣는 사람의 눈을 똑바로 응시하면서 해야 한다는 것이다.

재미있는 점은, 비록 몇 시간 전에 만난 사이라도 서로의 좋은 부분을 상당히 빨리 찾아낸다는 것이다. 하지만 '골든 글러브'를 끼고 있는 대부분의 사람들은 친구들이 자신에 대해 하는 진심 어린 칭찬을 받아들이기 어려워한다. 이들은 습관상 칭찬을 얼버무리려고 하거나 장난으로 받아 넘긴다. 내가 무엇을 말하려는지 이해하겠는가? 우리는 지금껏 이런 식으로 살아왔다.

특히 여학생들에게 이런 경우가 많다. "이입… 다무…물래에～?" 아니면 "너 자꾸 그렇게 말하면 난 다시는 그렇게 안 할 거야! 오! 너 두고 보자."라고 말하곤 한다. 아이들이 하는 것은 단지 칭찬뿐이다. 그것이 과장이기라도 한가? 그렇지 않다. 그것은 모두 사실이다. 우리는 칭찬을 어떻게 받아들여야 할지 잘 모르는 것이다. 나의 존재가 다른 사람이 어떻게 생각하느냐에 달려 있지 않다는 것을 깨닫기 전까지는 나 역시 변하기 어려웠다.

나의 존재는 내가 생각하는 나 자신, 나라는 사람을 만드는 모든 것들에 달려 있다. 그런데 으리 모두는 좋은 것들로 만들어졌다! 나는 나이가 들면서 이것을 깨닫기 시작했고 점차로 나의 위치를 살펴보기 시작했다. 나의 가치를 인정하기 시작하면서 다른 사람들이 하는 진심 어린 칭찬을 더욱 잘 받아들일 수 있게 되었다. 익숙해지려면 시간이 걸리지만 그럴 만한 가치가 있는 일이다.

진실로 우리는 칭찬받는 것을 좋아한다. 그리고 그것을 어떻게 받아들여야 하는지 배워야 한다.

나는 이것을 아내 테리사에게서 배웠다. 내가 얼마나 근사한지 그리고 얼마나 나를 사랑하는지를 지속적으로 말해주는 아내를 두어서 나는 정말 축복받은 것 같다. 사람들은 내가 "내 아내가 눈이 멀었었죠."라고 말해주기를 바라지만, 절대 그렇지 않다. 아내는 눈이 멀지 않았었다.

언젠가 당신도 한번 시도해보기 바란다. 사람들이 당신을 칭찬하는 것을 받아들여라. 칭찬받는 것은 근사한 일이며, 칭찬을 받아들이며 세상에 대하여 완전히 다른 시각을 갖게 된다.

모든 것은
나의 선택에
달렸다

당신은 항상 선택을 할 수 있다. 몸이 피곤하고 쉬고 싶은데도 늦게까지 TV를 보거나 친구들과 돌아다녀본 적이 있는가?

> 아무도 당신의 동의 없이 당신을 열등하게 만들 수 없다.
> – 엘리너 루스벨트

늦게까지 잠을 자지 않는 것은 당신의 선택이다. 당신의 몸이 당신을 그렇게 만든 것이 아니다. 당신이 당신의 몸을 다스리는 것이다. 어떤 사람들은 담배를 피우기로 결정하고는 중독이 되어서 멈출 수 없다고 변명한다. 담배 피우는 것을 원하지 않는가? 그럼 피우지 말라. 왜냐하면 당신이 선택할 수 있기 때문이다. 내가 이렇게 말할 수 있는 이유는 해봐서 알기 때문이다.

나는 내 선택에 의해 담배를 끊었다. 최면술이나 금연 패치, 아니면 금연 껌을 통해서가 아니라(비록 그것들이 도움이 되긴 하지만) 스스로의 결정을 통해서 끊었다. 나의 아버지가 그랬고 나의 할아버지도 그랬다. 그러니 당신도 할 수 있다. 우리가 이 세상에서 할 수 있는 것 중에 가장 놀라운 일이 바로 '결정하는 것'이라고 생각한다. 우리는 담배에 불을 붙일 수도, 그러지 않을 수도 있다. 우리는 화를 낼 수도, 그러지 않을 수도 있다.

아직 결정을 안 내렸다면, 자, 이제 중요한 결정을 내려야 할 순간이다. 이 진실로 당신은 무엇을 하겠는가? 다른 사람의 의견을 어떻게 받아들이겠는가? 만약 자신에 대한 스스로의 생각이 원하던 바가 아니라면 어떻게 하겠는가?

fly

모든 힘은 우리의 내면에서 나온다. 그러므로 그것들을 통제할 수도 있다.

– 로버트 콜린스

tip

· 진실은, 우리 모두가 위대한 일을 위해 태어났다는 것이다.

· 우리가 과거에 겪은 일들은 나의 자존감에 영향을 미친다.

· 나에 대한 나 자신의 생각이 성취할 수 있다는 믿음에 큰 영향을 끼친다.

· 우리는 놀라운 힘을 가지고 있다. 그것은 바로 선택할 수 있는 힘이다.

　모하마드Mohammad는 내가 2003년 10월에 만난 아주 똑똑한 청년이다. 그는 재치 있고 상식이 풍부한 젊은이로, 호주 태생의 자랑스러운 레바논 이슬람교도였다. 하지만 그가 평생 동안 들었던 말은 '멍청한 레바논인', '덜 떨어진 아랍 사람', 그리고 최근에는 '과격주의자'와 '테러리스트'였다. 그의 대부분의 친구들처럼 모하마드 역시 미디어나 사람들이 일반적으로 자신을 대하는 방식에 적대적이었다. 그는 11학년 때 학교에 56일밖에 출석하지 못했는데도 모두 'A'를 받았다. 학교는 그에게 너무 따분한 곳이었다. 모하마드는 그 지루함을 달래줄 뭔가 흥미진진한 일을 찾고자 했다.

　2004년 3월, 모하마드는 열 명의 학생들과 함께 코코다 트랙에 갔다. 그는 자랑스럽게, 전혀 거리낌 없이 코코다를 정복해보겠다고 호언장담했다. 하지만 정글로 들어서자 세상에서 두 번째로 험난한, 그가 상상도 못 해본 장애물들이 눈앞에 펼쳐졌다. 양쪽으로 100미터 절벽을 지나고, 휩쓸어 갈 듯한 강을 건너야 했다. 열기와 습기, 불편함, 그리고 부족한 음식에 씻지도 못했다. 그런 가운데 산을 넘고 날카로운 산

등성이를 타는 것은 이 자만심 가득한 난폭한 청년을 우리 팀의 투덜
이로 바꿔놓았다.

팀에서 처음으로 코스가 너무 어렵다고 말한 사람이 모하마드였고,
처음으로 집에 가고 싶다고 말하고 팀원들의 신경을 거슬리게 한 사
람도 모하마드였다. 또한 그는 가장 먼저 코코다로 걸어 들어간 사람
이기도 했다. 모하마드는 그가 겪어본 가장 험난한 코스를 지나고 나
자 이전과는 다른 긍정적인 세계를 받아들일 준비를 했다. 트랙에서
의 경험은 그를 전투 정신이 투철한 군인으로 바꿔놓았다. 그 전투 정
신이란 이수라바 전투 지역에 놓인 네 개의 화강암 기둥에 새겨져 있
는 것으로, 바로 용기 · 동료애 · 인내 그리고 희생이다.

모하마드는 이제 더 이상 스스로를 외로운 레바논 이슬람교도로 보
지 않는다. 대신 레바논 이슬람교 호주인으로 생각한다. 일단 본인
이 스스로가 누구인지를 진실로 알았다면 다른 사람이 어떻게 생각
하건 그건 문제가 되지 않는다. 모하마드는 HSC시험(Higher School
Certificate: 호주에서 치르는 일종의 고등학교 수학능력시험과 같은 테스
트) 중 다섯 과목에서 전교 일등을 했다. 그리고 장학금을 받고 엘리트
비즈니스 대학에 들어갔으며 그곳에서도 역시 일등을 했다. 그리고
그가 자란 지역에서 레바논 이슬람교도 공동체의 놀라운 리더가 되었
다. 그는 이제 스스로에 대하여 높은 자존감을 가진 사람이 됐고, 나도
그를 자랑스럽게 생각한다.

Fly

02
자신을 변화시켜라

만약 내가 변할 수 있다면 당신도 변할 수 있는 것이고 모두가 변할 수 있는 것이다.
- 〈록키 4〉

모든 사람은
변하길
원한다

　많은 사람들을 만나본 결과 모든 사람들은 스스로 변하고 싶은 부분을 가지고 있다는 걸 알게 됐다. 잘하는데 더 잘하고 싶은 것도 있고, 아니면 정말 싫어하는 부분을 완전히 변화시키고 싶어하기도 한다. 이처럼 사람들은 모두 뭔가 바꾸길 원한다. 어릴 적 나는 〈유쾌한 가족The Brady Bunch〉(미국 TV 시리즈)을 즐겨 보았는데, 등장인물이었던 브래디에게 완전히 사로잡혀버렸다. 그는 자기 아이들에게 얼마나 긍정적이고 이해심이 많은지 화를 내지도 않고 심지어 목소리 톤을 높이지도 않았다.

　나는 또 〈해피 데이 TV 쇼〉도 시청하곤 했다. 그것은 리치 커닝엄Ritchie Cunningham이 갑자기 유명해진 그의 친한 친구 '폰즈'와 같이 진행하는 프로였다. 그들은 내가 보기에 세상을 가장 멋지게 사는 사람들이었다. 나는 '내 인생에도 저런 사람들을 만날 수 있었으면.' 하고 바랐다. 그때 나는 아이로서 외로움을 느꼈다. 그래서 열여섯 살이 되던 해, 사람들이 자신의 잠재력을 깨닫고 꿈을 실현할 수 있게 도와주는 사람이 되어야겠다고 결심했다.

나는 성장하면서 늘 꿈으로만 그려봤던 그런 사람이 되고 싶었다. 이 결심은 나의 가치에 대하여 깨닫기 시작하면서 내린 결론이었다. 나는 나의 가치를 마치 빛과 같이 갑작스럽게 알게 되었다. 내가 경주에서 일등을 한 승자라는 진실을 깨닫게 된 것이다. 나는 이런 깨달음을 바탕으로 나 자신에 대한 생각을 바꾸어가기 시작했다. 생각의 변화는 곧 행동에 영향을 미쳤다. 나는 긍정적인 사람이 되고 싶었고, 점차 나 자신과 나의 잠재력을 믿기 시작했다. 나는 꿈을 이루고 싶었다.

나는
외로웠다

　어릴 적, 우리 부모님이 이혼하시기 전에 아버지는 매일같이 너무 일이 많았다. 나의 기억에는 아버지가 우리와 함께 시간을 보낸 적이 거의 없었다. 어머니는 집에 계셨지만 늘 집안일과 네트볼 운동을 하셨다. 남은 시간에는 센터에 가서 수영장 일을 하고 수영을 가르치며 어머니 자신의 꿈을 좇느라 바빴다.

　형 클렉과는 함께 시간을 많이 보냈지만, 형은 모든 일을 얄미우리만큼 잘하는 타고난 능력자였다. 형은 춤이면 춤, 달리기면 달리기, 축구나 크리켓 등 못하는 것이 없었다. 형은 무엇이든 다 잘하고 무엇이든지 나보다 나았다. 게다가 학교 성적까지 좋았다. '대단한 형'의 동생 역할이란 쉬운 것이 아니다. 우리 집은 외가와 친해서 많은 시간을 할머니, 할아버지, 이모, 삼촌들과 보냈지만 어떤 이유에선지 나는 여전히 외로웠다.

　나는 내가 다른 사람들과 달라서 외로움을 느낀다고 생각했다. 되돌아보면 나는 내 나이 또래의 아이들과는 조금 다르게 생각했던 것 같다. 내 친구들은 한 번도 생각해보지 않았을 것들에 대해 나는 고민하곤 했다. 예를 들자면, 나는 놀림을 받는 사람이 어떤 느낌을 가질지 생각했다. "이봐, 그렇게 말하지 마. 만약 다른 사람이 너에 대해서 그렇게 얘기하면 너는 어떻겠니?"라고 말하고 싶었지만 만약 진짜 그렇게 말한다면 다음 놀림감은 내가 될 거라는 것을 알았다. 그런 위험을 감수하고 싶지는 않았다. 나의 약점이 드러난 것만으로도 감당하기 힘들었기 때문이다.

만약 아이들이 내가 얼마나 연약한지에 대해 알고 건드린다면? 만약 아이들이 내가 침대에 실례한 걸로 또다시 장난을 친다면? 나는 교실에서 놀림거리가 되고 있었고 그걸 피하기 위해 다른 사람의 약점을 이용해 그를 웃음거리로 만들곤 했다. 다른 사람이 나를 공격하기 전에 내가 먼저 공격해버리자 생각했던 것이다. 그러나 누가 나를 놀리면 어떤 느낌이 드는지 잘 알기 때문에 이런 식으로 두려움을 감추는 것은 나의 마음을 더욱 괴롭혔다. 그럴수록 내 자신이 싫었고, 그리고 점점 더 외로워졌다.

먹이
피라미드의
제일 밑바닥

일을 하면서 나는 수없이 많은 사람들을 만났다. 특히 예전의 나처럼 스스로를 싫어하는 젊은이들을 많이 보았다. 그 사람들은 자신의 외모와 행동 그리고 사는 방식을 싫어했다. 그들은 자기가 누구이든 간에 자기에 대한 것이라면 모두 다 싫은 사람들이었다. 그들은 자신을 벌레만도 못한 사람이라고 생각했다. 자신이 먹이 피라미드의 하층에 있다고 생각하는 사람은 자신의 존재 가치가 뱀 정도밖에 안 된다고 여긴다. 그렇게 생각하지 않아도 되는데 스스로를 그렇게 낮추는 사람을 볼 때마다 나는 다음이 아프다.

> 가장 위대한 대화의 기술은 다른 사람의 말을 경청하는 것이다.
> - 데니스 웨이틀리

각계각층의 사람들이 자신의 가치를 믿지 못하는 것을 많이 보았다. 심지어는 성공할 가능성이 있는 일에도 도전을 하지 않고 자신의 꿈을 이루고자 하는 시도조차 하지 않는다. 너무나도 많은 사람들이 스스로를 가치가 '없다'고 믿거나 아니면 존귀하지 않다고 생각한다. 그 결과 자신이 원하는 것을 그냥 피하거나 부인을 하거나 아니면 시도하기를 두려워한다. 무엇을 하고 싶은지 생각했다가 만약 그것이 실패하거나 '현실'로 다시 돌아와야 한다면 너무 상처가 깊을 것이라고 생각한다.

몇 년 전 나는 어떤 햄버거 가게 젊은 직원들을 대상으로 하는 직원교육에서 자존감 강의를 해달라는 의뢰를 받았다.

"아무도 아침에 일어나서 '나는 실패자야.'라고 생각하는 사람은 없습니다. 아무도 없어요!"라고 말하며 마무리를 하려고 하는데 한 예쁜 여자 아이가 손을 들더니 이렇게 말했다.

"아니요. 있어요."

나는 놀라서 대답했다.

"아침에 일어나서 나는 실패자이고 오늘 하는 일들이 잘못될 거라고 생각하는 사람을 나는 만나본 적이 없습니다. 그리고 스스로를 발전 가능성이 없고 돌봐줄 필요도 없다고 생각하는 사람은 없습니다. 나는 한 번도 그런 사람을 만나본 적이 없답니다."

왜냐하면 나도 10대 때는 낮은 자존감을 가지고 있었지만, 그래도 한 번도 일이 잘못되기를 '원한' 적은 없었기 때문이다.

하지만 곧 그 여자 아이는 "선생님이 보고 계신 사람이 바로 그런 사람이에요."라고 대답했다. 나는 너무 놀랐다. 이야기를 계속 하면서 나는 바로 그 아이가 학교도 의도적으로 졸업하지 않았고, 자신은 아무것도 할 수 없으며 아무 존재 가치도 없다는 생각을 가지고, 자존감이 바닥을 치고 있음을 알게 되었다. 그녀는 자신이 실패자이고 그런 사람이라는 것을 확신했다. 정확하게 말하면 자신을 경멸했고 자살

시도도 여러 차례 했던 것으로 보였다. 자해는 자신에 대해 스스로 부정적으로 생각하는 고통을 해결하는 유일한 방법이다. 그 아이의 그런 부정적인 자아상은 당연히 과거의 경험과 성장 환경, 그리고 그애에게 육체적으로 혹은 언어로 혹은 감정으로, 아니면 이 모든 것으로 상처를 준 어른들에 의해 더욱 자라난 것이다.

많은 사람들이 스스로를 믿지 못하거나 심지어는 다른 사람들이 도와줄 수 있는 기회조차 주지 않는다. 그들은 스스로가 도움을 받을 만한 가치가 없다고 생각한다. 최근에 데어옵스가 바닷가의 한 시골 학교에 초청되었을 때 호주 토착민 아이를 만났다. 우리는 누가 뱃심 좋게 서사모아 열대 지역으로 인생을 건 천국 여정을 함께 떠나겠느냐고 물었다. 원하는 사람은 서류 몇 장을 작성하고 간단한 신체검사를 받은 후 여권을 제출하고 면접을 보라고 했다.

그 아이의 삶은 열악한 환경 때문에 산산조각 나 있었다. 그는 자신이 도움을 받을 만한 가치가 없다고 생각했다. 우리는 간신히 그에게 면접을 보도록 설득할 수 있었다. 그리고 그에게 왜 여행에 참가하길 원하는지 물었을 때 그는 머리를 움켜잡고 머뭇거리면서 슬프게 말했다. "내 인생은 쓰레기예요. 나는 더 이상 도둑질을 하고 싶지 않아요."라고. "왜 도둑질을 했는데?"라고 되묻자 그는 "우리 엄마와 아빠는 항상 술에 쩌들어 있어서 내가 동생들을 먹여 살려야 했어요."라고 말했다.

합격자를 발표할 시간이 다가왔다. 그 친구는 구석에 앉아 틀림없이 자신은 떨어졌을 거라고 생각하고 있었다. 왜냐하면 그저 그 스스로가 그럴 만한 가치가 없다고 생각했기 때문이었다. 그는 살면서 귀하다는 소리를 한 번도 들어본 적이 없었다. 그래서 우리가 그를 호명했을 때, 그의 눈이 커지고 가슴은 쫙 펴지면서 어깨에 힘이 들어갔다. 그것은 돈으로 살 수 있는 그 어떤 것보다도 가치가 있는 것이다.

그는 사모아로 가서 세계적으로 유명한 파도를 타고 폴리네시안 식의 접대를 받았다. 그 시간으로 그의 세계관과 자아상이 바뀌었다. 그가 살던 세계 밖에는 그를 믿는 사람들이 존재한다는 것을 깨닫고 그는 스스로를 신뢰하기 시작했다.

애벌레
하임릭
따라하기

여행을 함께했던 젊은 청년들도 그렇고 맥도날드에 앉아 있는 여학생들에게 물어보아도 형편없는 자아상을 가진 이들이 너무나 많다. 그들은 스스로를 벌레만도 못한 사람이라고 생각한다.

그러나 당신의 운명이 꼭 그래야 할 필요는 없다. 변화하고 성장하길 원하는가? 주변에 변화하고 성장하길 원하는 사람이 있는가?

그럼 진짜 벌레들이 어떤 것인지 한번 살펴보자.

만약 당신이 더 나은 사람이 되고 싶거나 자신을 사랑하는 법을 알고 싶다면 하나만 변화시키면 된다.

나는 아이들과 유익한 DVD나 영화를 보면서 놀 때가 많다. 내가 좋아하는 애니메이션 중에 〈벅스 라이프A Bug's Life〉가 있는데, 뚱뚱한 바바이에른 애벌레, 하임릭이 나온다. 그는 언젠가는 '아름다운 나비로 변신'할 것이라는 기대를 얻고 산다.

벌레조차 그들이 변화할 수 있다는 것을 안다. 그들은 그저 변치 않는 믿음을 가졌을 뿐이다. 하임릭는 하나에만 집중했다. 영화 속에서 하임릭과 다른 조연 벌레들이 한 일은 오로지 먹는 일뿐이었다. 애벌레가 아름다운 나비로 변신하기 위해서는 계속 먹어서 변신을 위한 에너지를 만들어야 한다.

만약 스스로 벌레 같은 자신의 모습을 바꾸고 싶다면, 만약 성장하길 원한다면, 자신의 어떤 것을 바꾸고 싶다면, 더 나은 당신이 되거나 스스로를 사랑하는 법을 배우고 싶다면, 한 가지에만 집중해야 한다. 나는 이 방법으로 나의 삶을 바꿀 수 있었다. 나는 계속해서 물었다. '나는 왜 이 일을 하는가? 내가 젊은이들에게 동기를 부여하고 또 사람들을 격려하는 사람이 되고자 한 결정은 어떤 의미가 있나?' 이에 대한 대답은 간단하다.

나는 열여섯 살에 꿈을 이루기로 결정했다. 고등학교 재학 시절이었다. 이런 이상하고 색다른 느낌을 가진 후에야 나는 내 안에 잠재력과 재능이 있다는 것을 깨달았다.

나는 이제껏 경험했던 어떤 것보다도 더 훌륭한 일을 위해 태어났음을 믿는다. 나는 또한 이 세상에 긍정적인 영향을 미치는 사람이 되고 싶다. 그래서 지금도 꿈을 향해 달려간다. 긍정적인 영향력을 어떻게 미칠 것인가에 집중하는 삶을 살면서 어느 새 나에게는 가족도 생겼다. 13년 전에 아름다운 아내와 결혼하고 세 명의 사랑스런 아이들, 한나 · 조시 · 미카가 태어나 환상적인 가족을 꾸리게 되었다.

나는 호주에서 젊은이를 위한 동기부여 조직을 운영하고 있다. 방송과 친구들, 학교 상담 선생님 그리고 교장 선생님들에 의해 나의 이름은 널리 알려졌다. 호주의 한 TV 방송국에서 나에 관한 다큐멘터리를 찍었고, 기사를 썼다. 또 서핑 영화를 제작, 감독했으며 앞에서도 언급했듯이 나의 TV 시리즈가 생기기도 했다. 나는 3년 연속 올해의 호주인 후보에 올랐고 계속해서 청소년을 분발시키고 격려하는 강의를 하고 있다.

내가 할 수 있는 최선의 것은 스스로 집중함으로써 성취할 수 있었다. 그런데 각 단계마다 다른 성장과 변화를 겪어야 했다.

애벌레의 수준에서는 영양가가 풍부한 것을 잘 먹어야 한다. 만약 긍정적인 사람이 되고 싶다면 긍정적으로 생각하고 긍정적인 것을 읽고 그리고 긍정적인 사람들과 같이 시간을 보내야 한다. 병에 포도주가 반 있을 때 그것에 대해 반씩이나 있다고 생각할 줄 알아야 한다. 속담에도 있듯이 무엇을 섭취하느냐가 그 사람을 만드는 것이다. 사고방식과 관련해서는, 쓰레기가 들어오면 쓰레기가 나가게 되어 있다. 그렇기 때문에 우리는 계속해서 노력해야 하고, 우리의 친구 하임릭처럼 한 가지에 집중해야 한다. 그러면 다음 단계로 성장할 수 있다. 그 선택은 우리에게 달렸다.

정말 변하고 성장하고 더 나은 내가 되고 싶다면, 그리고 나의 가능성을 실현시키고 나의 꿈을 이루고 싶다면 이것이 당신에게 필요한 최고의 조언일 것이다. '나만이 나를 변화시킬 수 있다.'

제삼자는 방법만 제시할 수 있다. 그것을 사용하는 사람은 나 자신이다. 나만이 그것을 결정할 수 있다. 이것이 쉬운 일은 아니다. 단순하지도 않다. 그리고 대부분의 경우 결과를 빨리 볼 수도 없다. 대부분의 경우 삶에서 원하는 것을 달성하기 위해서는 의지력으로 변화를 결정해야 하고 또 끊임없이 노력해야 한다.

생각의
힘은
강력하다

삶이 어디로 향할지는 궁극적으로 상황과 환경에 대한 자신의 생각과 반응에 달려 있다. 자신의 생각은 주변과 주위 사람들에게 영향을 미친다.

한때 나는 어떤 친구들을 만났다. 그들과 처음에 사귈 때는 너무 좋았다. 하지만 언제부터인가 그들은 부정적이며 신랄해졌다. 그런 사람들과 어울리면 결국 자신도 그들처럼 생각하게 된다. 내가 그런 이들과 함께 있다 집에 돌아오는 날이면 아내는 직설적으로 지적했다. 내가 지금 매우 신랄하고 비판적이라고.

"누가 당신에게 오늘 일어난 일에 대해서 불평했죠?"

그러면 나는 내가 긍정적인 생각을 또다시 잊었다는 걸 깨닫는다.

fly 당신이 할 수 있다고 생각하는 것도 옳은 생각이고 당신이 할 수 없다고 생각하는 것도 옳은 생각이다.

– 헨리 포드

결정을 하면
감정은
따라온다

우리는 첫 번째 목표를 무엇으로 잡아야 할까? 어떻게 하면 좌절하고 있을 때 스스로에게 "괜찮아, 나는 에베레스트 산을 올라가는 중이 잖아!"라고 말할 수 있는 동기를 얻을 수 있을까? 어떻게 하면 긍정적인 생각을 계속 할 수 있을까?

첫째로, 목표를 분명히 설정해야 한다. 많은 명사나 작가들이 충고하는 말이 목표를 설정하고 성취하라는 것이다. 하지만 정확하게 어떻게 해야 할까? 첫 번째 목표는 무엇으로 잡아야 할까? 절망에 빠졌거나 스스로 중요하지 않고 가치도 없는 사람이라고 여겨질 때 어떻게 스스로에게 다시 "괜찮아, 나는 에베레스트 산을 오르고 있는 중이야."라고(당신의 목표가 뭐든지 간에!) 격려할 수 있는 동기를 찾을 수 있을까?

동기는 결단과 선택에서 나온다. 사람들은 대부분 우리가 감정에 이끌린다고 생각하지만 사실 감정은 정확히 우리의 결정에 의해 생기는 것이다. 이것을 잘 모르는 사람들이 많다. 예를 들어 귀에 거슬리는 말을 들었을 때 우리는 그것을 맞받아 칠 수도 있고 그냥 넘길 수도 있다. '맞받다'란 말은 동사이고 어떤 행위를 뜻한다. '맞받기' 위해서는 어떤 행동을 해야 한다.

당신이 응원하는 팀이 친구가 응원하는 팀에게 졌다고 가정해보자. 친구 팀이 당신 팀을 이기고 친구는 모든 사람들에게 그 사실을 알리면서 약간의 과장을 섞어가며 떠들고 있다. 당신은 그 팀이 이겼다는 것에 약간 화가 난 상태다. 그때 당신은 어떤 행동을 할 것인지 선택할 수 있다. 그냥 조용히 있으면서 친구가 그날을 만끽하게 하고 흐뭇한 눈으로 친구를 바라보면서 혹시 축하라도 해줄 것인가, 아니면 친구가 대 만족을 하는 상황에 찬물을 끼얹을 것인가? 혹은 당신의 편을 만들어서 왜 그 팀이 졌는지 변명거리를 찾을 것인가? 친구가 응원하던 팀 선수들이 원래 성적이 안 좋았다고 하면서 과장을 과장으로 갚아줄 것인가?

이런 상황을 경험해본 적이 있는가? 이 이야기를 읽으면서 당신은 마음이 찔렸을 수도 있겠다. 당신은 어디에서 이런 대화를 나누는가? 특별히 정해진 곳이 없는가?

바로 그렇다. 이런 것은 어디에서나 일어날 수 있는 일이다. 친구가 냉혹한 현실을 일깨워주는가? 당신의 팀이 졌다고? 일단 결정을 했으면 당신이 집중해야 할 것들을 조금씩 바꾸기 시작하라. 이러한 상황에 처한다면 친구에게 어떻게 반응할지 결정하라. 그러면 감정이 그 결정을 따라간다.

이것을 인생에서 조금 더 크고 중요한 결정을 내려야 하는 상황에 적용해보자. 자신이 되고 싶은 사람으로 변하기 위해 세운 목표 같은 것을 예로 들어보자. 첫째로, 비록 당신이 그만큼의 가치가 없는 사람이라고 생각하더라도 자신이 무엇을 진정 원하고 성취하고 싶은지 결심하라. 일단 결심을 하면 긍정적인 감정은 따라오게 된다. 왜냐하면 결심한 이후부터는 그 결심이 현실이 되도록 하는 것에 집중하기 시작하기 때문이다. 특별히 오랫동안 정말 원했던 것이라면 더욱 그럴 것이다.

결과적으로 당신이 목표를 정하고 그것을 성취하고자 한다면 당신은 좀 더 긍정적으로 생각하기 시작할 것이고, 정말 그것을 성취할 수 있다는 믿음도 갖게 될 것이다. 이렇게 형성된 긍정적인 생각은 당신을 더욱 매진하게 만든다. 의욕도 한층 높아지고 확신도 들게 된다. 이것이 목표를 이루는 방법이다.

나비처럼
변화하라

　지금 내가 하려는 말이 이상하게 들릴 수도 있지만, 나는 함께 나눌 가치가 있는 얘기라고 생각한다. 긍정적인 사고는 긍정적인 말을 낳는다. 긍정적인 말은 긍정적인 행동을 만든다. 긍정적인 행동은 긍정적인 습관을 만든다. 긍정적인 습관은 긍정적 생활 방식을 만들고 긍정적인 생활 방식은, 친구들이여, 긍정적인 인생의 결말을 만들어낸다. 부정적인 것도 같은 방식으로 말할 수 있지만 나는 그런 것에 나의 시간을 낭비하고 싶지 않다. 오로지 긍정적인 것만을 말하고 싶다. 일단 결정을 내리고 그 후에 집중적으로 우리 자신을 살찌우기 시작하자.

생각에 영양분을 주자

　스스로가 바뀌는 것, 즉 스스로 변화하고 성장하며 나의 자아상과 변화될 자아상에 대하여 더 나은 시각을 갖는 것은 일단 마음으로 먼저 결심해야 가능한 일이다. 그리고 일단 결심을 했으면, 애벌레 하임릭처럼 영양분을 공급하는 것에만 신경을 써야 한다. 나비로 변하기 위해서 애벌레는 먹고 또 먹는다. 이것이 변화가 시작되는 과정이다. 만약 애벌레가 알맞은 음식을 양껏 먹지 않는다면 나비로 변하기 위한 충분한 에너지를 쓸 수 없을 것이다.

이 단계를 더욱 견고히 다지기 위해 잠시만 쉬어 가자.

더욱 성장하고 변화하기 위해 적절한 음식을 섭취하면서 그 과정을 진행하고 있는가? 적절한 음식이란 바로 결심에 용기를 불어 넣고 격려해줄 수 있는 것들이다. 부정적인 대화에는 끼지 않고 늘 긍정적인 대화를 하는 것일 수도 있그, 긍정적이며 격려를 아끼지 않는 사람과 어울리는 것이 될 수도 있다. 어쩌면 기분을 좋게 해주거나 동기를 부여하는 음악을 듣거나, 좋은 TV 프로그램을 골라서 시청하는 것일 수도 있다. 아니면 아예 TV를 보지 않는 것일 수도 있다. 그것이 무엇이든 간에 당신이 계속 그 방향을 맞추도록 도와주는 것이어야 한다.

하지만 쓰레기 음식은 완전히 이와 반대이다. 그것들은 결심에 대하여 부정적인 생각을 하게 만들고 집중하지 못하게 한다.

누에고치 만들기

변화를 위한 다음 단계로 가보자. 당신에게도 애벌레 하임릭처럼 변태를 진행하고 안전하게 성장할 수 있게 해줄 누에고치 같은 확실한 장소가 필요하다. 누에고치라고 하면 외로운 곳을 생각할 수도 있지만, 그러나 진짜로 우리가 변하기 위해서는 다른 사람으로부터 고립된 곳에 있는다거나 외로운 사람이 되어서는 안 된다. 왜냐하면 인간은 서로 관계를 맺는 것이 중요하기 때문이다. 우리는 다른 사람과 의사소통하도록 태어났다. 그래서 우리가 사는 곳을 공동체라고 부르는 것이다. 내가 진실로 나이기 위해서는 다른 사람에게 나를 표현할 줄 알아야 한다.

누에고치가 꼭 어떤 공간이어야 하는 것도 아니다. 한 사람에게서, 혹은 여러 사람들 가운데서도 누에고치를 만들 수 있다. 한 명의 친구 혹은 많은 친구들과의 관계에서, 가족에게서, 아니면 가족과 친구들 모두에게서 만들 수 있다. 어디에서 누구와 함께 있을 때 안정감을 느끼는지 본인이 잘 알 것이다.

누에고치는 내가 생각하는 것을 솔직하게 나눌 수 있는 곳이다. 내가 말한 것을 가지고 나를 다시 공격하지 않고 내가 생각지도 못한 방향으로 엉뚱하게 오해하지 않는 곳이다. 당신의 안전 장소인 누에고치는 바로 당신이 성장할 장소이다. 변태의 과정을 겪는 동안에는 우리도 애벌레처럼 공격받기 쉽다.

그래서 보호막이 필요한 것이다. 그런데 이것은 시간이 좀 걸린다. 재주를 부려 고치를 만들고는 '짜잔' 보여줄 생각은 하지 않는 게 좋다. 당신은 변하고 있다. 누에고치를 만드는 것은 시간이 걸리는 일이다.

실제적인 변화 과정은 또 다른 사건과 함께 일어난다. 어떤 사람들은 거짓말이나 보호막 같은 것을 만들어간다. 나도 그런 사람이었기 때문에 잘 안다. 내가 놀림감이 되지 않기 위해서 어떻게 했는지 앞에서 말했을 것이다. 나는 다른 아이들이 나의 약점을 들추기 전에 친구의 약점을 먼저 들춰서 웃음거리로 만들었다. 나는 '다른 사람이 나를 치기 전에 내가 먼저 공격을 하자'는 법칙을 가지고 살았다.

어떤 때는 지성과 교육이 거짓 보호막이 될 때가 있다. 공부를 많이 해서 모든 것을 알고 있다고 생각하는 사람들이 있다. 똑똑하거나 교육을 많이 받았기 때문에 스스로를 자랑스럽게 여기기도 한다. 많은 것을 알면 변화가 필요 없다고 생각하는 경향이 있다. 하지만 지식과 지혜에는 커다란 차이가 있다. 지혜란 지식을 올바르고 실제적으로 삶에 적용시키는 방법이다.

기분도 거짓 누에고치로 쓰인다. 그것은 화일 수도 있고 분노나 심지어는 폭력일 수도 있다. 그러나 이런 거짓 보호막들은 결국 정체를 드러내게 되어 있다. 설령 그러지 않더라도 계속 이런 거짓 뒤에 숨어 있는 것은 성장에 별 도움이 되지 않고, 분명 그 어떤 성취도 가져오지 않는다. 이런 거짓의 벽들을 유지하려 하기 때문에 진정한 누에고치를 만들 에너지가 부족한 것이다. 안정된 누에고치는 공격받을 두려움 없이 더욱 아름다운 사람으로 성장하고 변할 수 있는 그런 곳이다.

그런 거짓 막들이나 거짓 사람들을 멀리하고 참된 친구를 사귀기 바란다. 그들의 참된 사랑과 관심을 통해서 자신의 고치를 완성해가다 보면 자신의 존귀함을 새롭게 깨달을 것이고 또한 신뢰할 수 있는 놀라운 변화를 발견할 것이다. 더불어 자동적으로 성장 과정이 시작되면서 탄력을 받게 될 것이다

어려움의 한복판에서 기회가 찾아온다.
– 알베르트 아인슈타인

일단 자신을 신뢰하는 기분을 느낀다는 건 정말 놀라운 일이다. 전에는 한 번도 느끼지 못했던 자

신의 가치에 대하여 알게 된다. 나는 열여섯 살 이후로 이 모든 것이 시작되었다. 졸업을 앞두고 있던 나는 그동안 너무나 힘들었기에 10학년을 끝으로 학업을 그만두기로 결정했다. 나를 괴롭히던 그 아이들과 멀어지고 싶었고, 일단 졸업해서 돈을 벌고 싶었다. 그러고 난 후에 다시 학교로 돌아오리라 결심했다. 나는 일터에서 돈도 벌고 더 배우고도 싶었다.

돈? 못 벌었다. 배움? 확실히 배웠다. 실제 사회에서는 정말로 학교에서 배울 수 없는 것들을 가르쳐준다. 졸업 후 첫해에 나는 인생을 바꿀 만한 숱한 상황들을 경험하게 됐다. 내 주변에는 형 클렉을 비롯해 많은 친구들이 생겼다. 친밀하고도 좋은 친구들이었다. 그리고 나는 성장하기 시작했다. 나는 나 자신과 나의 잠재력을 믿기 시작했다. 그것이 바로 오늘날까지 나를 성장시킨 여정의 시작점이다. 나의 고정관념은 깨지기 시작했고 나 자신의 참 가치를 깨닫게 된 것이다! 당신도 다르지 않다. 당신도 당신 자신에 대한 생각을 변화시킬 수 있다!

큰 변화

누에고치가 완성되면 성장이 시작된다. 〈벅스 라이프〉에서 보듯 다음 단계는 성충으로의 재탄생이다. 고치가 역할을 다하고, 아름다운 새로운 창조물이 세상 밖으로 나올 차례인 것이다. 만약 한 번이라도 나비가 고치를 벗고 세상으로 자유를 향해 나오는 것을 본 적이 있다면 그것이 얼마만큼의 몸부림 후에 얻어지는 것인지 이해할 것이다.

성장을 하려면 전력을 다해야 한다. 만약 누군가가 나비를 도와주고 싶어한다 해도 그것은 나비를 도와주는 것이 아니라 해를 입히는 것이다.

나비가 자신을 둘러싸고 있는 고치를 찢고 나오려고 할 때 외과수술용 메스로 고치를 갈라준다면 도와주기는커녕 불쌍한 나비를 죽이는 것이다. 몸부림치며 얻은 자유 때문에 엔돌핀을 얻고 그것이 날개가 마른 후 나비에게 날 수 있는 힘을 준다. 당신도 알 것이다. 자유를 향한 몸부림이 있어야 살아갈 힘을 얻을 수 있다는 걸.

사람이 태어날 때도 그렇다. 아기는 엄마의 자궁에서 나오기 위해 분투한다. 이 과정에서 아기는 엔돌핀을 얻고, 폐의 활동이 즉각 시작될 수 있게 하는 아이소토닌을 만들어낸다. 제왕절개를 할 경우에는 산파가 아기를 힘 있게 마사지하여 폐가 정상적인 기능을 하게 도와주어야 한다.

우리가 누에고치에서 벗어날 때는 어떨까? 만약 누군가 너무 많이 도와줘서 성장하고 배우기 위해 몸부림치는 과정이 충분하지 않았다면 그 과정에서 알아야 할 것을 충분히 배우지 못할 것이다. 더 이상 도와줄 사람이 없는 시련의 시간이 다가올 때, 자신이 가지고 있는 능력을 깨닫지 못한 사람은 '도와주었던' 사람에게 의지하려 한다. 결국 처음부터 다시 시작해야 하고 다시 한 번 성장하는 방법을 배워야 한다(빙글빙글 돈다). 물론 도움을 받은 나비처럼 죽음에까지 이르지는 않겠지만 다음 단계의 성장과 변화를 경험하지 못할 것이다.

일단 고통을 겪고 난 후에는 하임릭처럼 날개를 펴고 날 수 있다. 하지만 이때도 조심하기 바란다. 이 단계에서는 날개가 마를 때까지 기다려야 한다. 여전히 상처받지 않기 위해서는 무게를 지탱할 수 있을 만큼 튼튼해져야 한다.

당신은 새로운 가능성 앞에 서 있는 것이다. 또 새로운 책임이 생긴 삶이 시작되려고 한다. 그러니 주의를 기울여라. 다시 옛 사고방식으로 돌아가거나 먹이 피라미드의 바닥 단계로 돌아가지 않도록 조심하라. 그것이 마지막 갈등이 될 것이다. 하지만 그것을 통과하고 나면 가장 큰 힘을 얻게 된다.

우리가 새로운 자존감을 갖기 시작하면 또 다른 시험이 다가온다. 그것은 다른 사람에게서 오는 것이 아니고 바로 나 자신으로부터 온다(종종 타인은 우리가 생각하는 것보다 더 우리에게 큰 잠재력이 있다고 생각한다).

책임지고
출발을
하자!

최고의 시간이 눈앞에 펼쳐져 있다. 지금 당신은 새로운 책임, 당신 자신에 대한 책임을 지기 시작할 수도 있고 도망칠 수도 있다. 나비가 하는 것처럼 우리도 날개를 퍼덕이고 무게를 감당해야 한다. 몸부림을 통해서 당신의 날개를 펴고 나면 힘이 생긴다. 하지만 그러기 위해서는 용기가 필요하고 행동으로 옮겨야 한다. 여기까지 했다면 내가 하고 싶은 유일한 질문은 이것이다.

당신은 얼마나 높이 날고 싶은가?

애벌레가 아름다운 나비로 변신하면 세상은 더욱 넓어진다. 애벌레처럼 몇 개의 나뭇가지가 세상의 전부가 아니다. 이제는 하늘도 자신의 무대가 될 수 있다. 새롭게 변신한 나비는 이 관목에서 저 관목으로, 이 나무에서 저 나무로 날아다닐 수 있게 되는 것이다. 우리가 긍정적인 성장을 하면 세상도 우리와 함께 자라난다.

날아가는 방향과 고도는 순전히 자기 몫이다. 인생을 그저 남들처럼 그럭저럭 살아가길 원하는가, 아니면 세상을 더 넓게 탐험하길 원하는가? 결정을 해야 한다. 더 많은 모험을 즐길수록 더 많은 위험이 따르는 것은 사실이다. 그러나 나뭇가지에 앉아 있는 나비는 포식자에게 먹히기 십상이지만 날아다니는 나비는 잡기 힘들다.

결정을 내릴 때는 한 가지 조건만이 있다. 바로 자기 자신이다. 이 모든 것은 자신에게 달렸다는 것이다. 운명을 개척하기 위해서는 스스로 책임을 져야만 한다. 값어치가 있는 것을 얻기 위해서는 때때로 책임감이 따른다. 오랫동안 염원해왔던 어떤 것을 원한다면 책임을 완수하라. 그리고 그것을 얻어라.

tip

· 모든 사람은 변할 수 있는 능력이 있다. 단지 방법을 배워야 할 뿐이다.

· 몸부림치는 사람은 당신 혼자만이 아니다. 당신과 같이 아픔과 두려움을 겪는 사람들이 많다.

· 변화하고 성장하기 위해서는 안전한 환경이 필요하다. 진실한 친구들과 적극적으로 나를 지지하는 가족들로부터 도움을 받을 수 있다.

· 일단 변화가 시작되면 시련의 시간이 다가올 것이다. 그 시간은 더 큰 힘을 얻을 수 있는 또 다른 기회이다.

· 자기의 인생에 책임을 져야 한다.

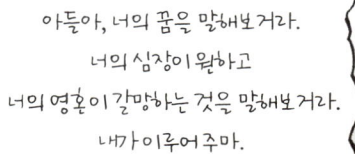

아들아, 너의 꿈을 말해보거라.
너의 심장이 원하고
너의 영혼이 갈망하는 것을 말해보거라.
내가 이루어주마.

음···
록스타, 섹시한하나님, 시인,
박애주의자···를 생각하지만,
그런데 내 꿈은 금요일까지
알게해주시면 안 될까요?

크레이그 스태프리턴Craig Stapleton은 호주 럭비 전국 리그 선수이다. 나는 지난 5년간 그 친구에게 개인적인 목표를 설정해주고 정신적 멘토 역할을 하는 특권을 누렸다. 우리가 처음 만났을 때 그는 세인트 조지 일라와라 드래곤스St. George Illawarra Dragons에서 활약하고 있었다. 사람들에게는 프리미어리그라고 더 많이 알려져 있지만 그는 2군에서 입지를 확실히 하고 있는 상태였다. 하지만 1군으로 들어가기에는 역부족이었다. 그의 꿈은 우수한 실력을 갖고 1군에 들어가 대표 선수가 되는 것이었다.

그는 결심을 했다. 그에게는 그럴 만한 능력이 있었지만 어떻게 이루어야 할지를 몰랐을 뿐이었다. 우리는 그와 다른 선수들의 훈련 방식을 비교하고 그에게 도움이 될 만한 게임 분석을 했다.

호주 럭비 리그에서 뛰는 다른 대부분의 선수들처럼 그도 열심히 훈련을 했다. 그는 팀원으로서의 책임감이 있었고 코치가 원하는 것은 무엇이든 해냈다. 그러나 문제가 있었다. 그는 시키는 것만 하고 있던 것이다. 크레이그에게는 여분의 훈련이 더 필요했다. 크레이그는 곧 그가 모르는 영역을 도전해야 한다는 걸 깨달았다. 한 번도 해보지 못했던 것을 해야 했다. 그것은 좀 더 체계화된 음식 조절과 고도의 정신 집중, 그리고 긍정적인 생각이었다. 진정한 챔피언처럼 그는 일을 즐기기 시작했다. 그는 모든 훈련 과정마다 100퍼센트로 해냈다.

전화 통화에서조차 긍정적인 대화만 했다. 정말 자신이 원하던 선수로 변하기 시작하면서 그의 경력도 화려해지기 시작했다. 드래곤스 팀은 그의 연봉을 올려주었고 후에는 우호적으로 계약에서 풀어주었다. 드래곤스 팀은 이후에 유명한 선수를 영입할 수 있었다. 크레이그는 패러매타 일스Parramatta Eels 팀과 1년 계약을 맺었는데 그 시즌 모든 게임에서 최전방 포지션을 맡았다. 그 후 영국으로 건너가 슈퍼리그에서 고전을 겪고 있는 리Leigh 팀에 영입됐다. 그곳에서 뛰어난 활약을 펼치고 나서 고국으로 돌아와 펜리스 팬서스Penrith Panthers 팀에 합류했다. 이런 과정을 거치면서 그는 제키를 만나 결혼을 하고 지금은 다섯 아이를 키우고 있다.

크레이그는 최고의 럭비 선수가 되기 위해 필요한 모든 것을 하고 싶어했다. 쉽지 않다는 걸 알았지만 필요한 게 무언지 알아냈고 그것을 해냈다. 결국 이 모든 훈련은 가치가 있었던 것이다. 그는 강력한 우승 후보인 크로널라 샤크스Cronulla Sharks 팀과 2년 계약을 맺었다. 그는 다시 한 번 출발선에서 시작해야 했지만 결국 그곳에서도 계속 우위를 차지했다. 2006년, 3개국 훈련 팀을 만들고 파푸아뉴기니 대 호주의 경기가 있을 때 국가 대표가 되고자 했던 그의 꿈이 이루어졌다.

원하는 것을 얻기 위해서는 변화해야 하고 그 이후에는 보상이 따른다는 것을 그는 알았다. 크레이그 스태프리턴은 자신을 변화시켰다. 그리고 세계에서 가장 험한 럭비 경기에서 첫 번째 줄 포워드를 꾸준하게 그리고 굳건하게 맡고 있다. 그러나 이것은 그에게 단지 시작에 불과하다.

Fly

03

딱정벌레, 분홍앵무새, 독수리

훌륭하고 영감을 주는 모든 것은 자유 가운데서도
열심히 노력하는 사람이 창조할 수 있는 것이다.
– 알베르트 아인슈타인

비행 방식을
선택하라

자, 이제 날기를 원하는가? 어디로 가길 원하는가? 얼마나 높이 날기를 원하는가? 이 모든 것은 당신의 태도와 당신이 어떻게 결정했느냐에 달려 있다. 우리 모두는 어떻게 살 것인지 선택하는 자유가 있지만 대부분의 사람들은 선택의 자유가 얼마나 놀라운 선물인지 잘 알지 못한다.

이제부터 이 선택의 자유를 비교하여 설명해보려 한다. 서로 다른 수준에 있는 세 개의 나는 것들을 각각 살펴보고 3단계의 선택에 관하여 비교해볼 것이다. 크리스마스 딱정벌레와, 분홍앵무새, 그리고 독수리이다. 모든 사람들이 선택을 할 수 있는 것처럼 이들은 모두 날 수 있다. 그러나 그들이 나는 방식은 상당히 다르다.

크리스마스
딱정벌레

Fly | 플라이

최근에 나는 퀸즐랜드에 있는 황금해안에 휴가를 즐기러 갔다. 그날 밤 수많은 크리스마스 딱정벌레들이 밤하늘을 날아다녔고 또 땅에도 떨어져 있었다. 그들은 등을 땅에 대고 서서히 죽어가고 있었다.

알다시피 크리스마스 딱정벌레에게는 희한한 면이 있는데 바로 날 수 있기 때문에 죽는다는 것이다. 호주 크리스마스 딱정벌레는 밤에 활동한다. 딱정벌레는 보호색이 있기 때문에 포식자에게 잘 들키지 않는다. 그러나 그들은 빛으로 모이는 습성이 있다. 어둠 속에서는 안전하겠지만 눈에 잘 띄는 불빛으로 모여드니 안전할 수가 없다! 불빛이 있는 곳(주유소, 테니스 코트, 축구장, 그리고 주차장과 같은 곳)에서는 수천 마리의 벌레들이 죽어가고 있다. 대부분은 질주하는 자동차 라이트로 날아들다가 죽은 것이다.

그들은 날 수 있기 때문에 죽는다.

딱정벌레처럼 사는 사람들을 우리 주변에서도 볼 수 있다. 선택의 자유가 그들에게는 종종 덫이 된다. 그것은 어쩌면 옳은 결정을 어떻게 내리는지 배운 적도 없고 본 적도 없기 때문일지도 모른다. 설령 아직까지는 나쁜 선택의 결과를 맛본 적이 없더라도 누군가 딱정벌레처럼 살고 있다면 막바지에 드달하기 전에 그 결과에 대하여 명확하게 알려줘야 한다.

그들이 그러는 건 어쩌면 마음에 씁쓸한 기억들을 오랫동안 갖고 있어서일 수도 있고 전에 심하게 상처를 받아서일 수도 있다. 이유야 어찌됐건 이런 사람들의 선택의 자유는 때때로 스스로를 해치는 결과로 끝을 맺는다. 그것이 사회에서 낮은 위치라는 스스로의 평가나 낮은 자존감에서 비롯되었기 때문이다. 이들의 선택의 자유는 크리스마스 딱정벌레들이 달리는 차 불빛에 뛰어드는 것과 같다.

> 꿈이 없는 백성은 망하느니라.
> - 구약 성서

소년원에서 일할 때 그런 아이들을 너무나도 자주 보았다. 잠재력은 많지만 그들의 삶을 본능적으로 즐기다 보니 어리석은 선택을 하게 되고 결국은 선택권을 박탈당하게 되는 아이들. 자신의 삶을 파멸로 이끄는 것은 그들이 꿈이 없기 때문일 때가 많다. 잠언 (29:18)에서는 꿈이 없는 백성은 망한다고 했다.

내가 어떤 사람이 되고 싶은지 혹은 내가 달성하고 싶은 목표가 무엇인지에 대한 꿈이 없다면 삶에 의미가 없고, 동기도 없고, 열정도 없으며, 희망도 없고, 그리고 삶에서 좋은 선택을 할 수도 없게 된다. 그리고 이것들이 차례차례 결정을 내리는 것을 두려워하는 삶으로 바꾸고, 속담에서 말하듯이 두려움 속에서 사는 인생은 반밖에 살지 못하는 것이다!

슬픈 일이지만 안타깝게도 그렇게 사는 사람들이 너무나도 많다. 당신도 그런 사람 중 하나일 수도 있다. 하지만 반가운 소식은, 우리는 꿈을 찾을 수 있고 더 높이 나는 선택을 할 수도 있다는 것이다.

두려움 속에 사는 인생은 인생을 반밖에 살지 못하는 것이다.
 – 화자 미상

fly

다음
단계로
움직이기

당신은 스스로를 어떻게 생각하는가? 당신의 자존감이 너무 낮아서 스스로 벌레 같은 사람이라고 생각하는가? 어떤 사람들은 정말 그렇게 생각한다. 그동안 잘못된 선택을 해와서가 아니다. 상황이 어쨌든 선택하는 것을 두려워해서다. 우리는 두려움 가운데 살고 있다. '내가 어떻게 감히 그런 걸 할 수 있을까?' 하고 생각한다. 스스로를 다른 사람의 한입 거리에 지나지 않는, 먹이사슬 피라미드의 바닥에 있는 존재로 생각한다. 그러나 스스로를 어떻게 생각하느냐에 따라 인생의 결말이 달라진다는 것을 기억하라.

내가 최고로 좋아하는 영화는 〈록키Rocky〉 시리즈이다. 〈록키 5〉의 한 장면에 주목해보자. 이 영화에서 록키와 그의 가족은 회계사가 수백억을 가로챈 사실을 알고 집으로 돌아온다. 그 후 어쩔 수 없이 옛날에 살던 곳으로 돌아가 삶을 꾸려나가게 된다.

무일푼이 되고 절망에 빠진 록키는 힘든 시간을 함께했던, 그가 아끼는 옛 매니저 미키가 있는 예전 체육관을 찾아간다. 록키는 먼지가 쌓인 옛 체육관에 서서 전에 스파링 연습을 하던 장면을 회상한다. 기억의 대부분이 미키가 링 한켠에서 그에게 "잽을 날려, 잽을 날려, 넌 정말 잘하고 있어."라고 소리를 지르며 응원하던 것이었다. 당신이 스스로를 잘하고 있다고 생각하면 잘하는 것이다!

당신이 인생을 '잘살기'를 원한다면 당신은 잘살 것이다. 나는 그렇게 믿는다. 왜냐하면 지금 당신은 이 책을 보고 있고, 당신이 잘하고 있다고 생각해야 하고, 그리고 잘하는 것을 보게 될 것이기 때문이다. 스스로를 어떻게 생각하는가? 설령 깨달아야 할 첫 항목이 '나는 패배자가 아니다'이더라도 당신은 벌레만도 못한 사람이 아니다. 당신은 특별하고, 아름다우며, 지적이고, 잘생겼고, 눈부시며, 영리하다!

우리는 가끔 스스로를 부적격하고 무능력하다고 생각한다. 그리고 이런 생각 때문에 할 수 있는 것도 새롭게 시도하고 성취하는 데 두려움을 갖는다. 하지만 그 비밀을 아는가? "난 이걸 할 수 있어, 나는 내가 원하는 사람이 될 수 있어."라고 스스로 말하면 주변 사람들도 비슷한 감정을 느끼게 된다. 정확히 말해서 당신으로 인해 세상이 혜택을 얻게 되는 것이다! 음침한 구석에 서서 "아니야, 나는 할 수 없어. 내가 그걸 어떻게 해?"라고 말하는 것은 자신에게도 해롭고 당연히 주변 사람들에게도 득이 되지 않는다.

스스로에게 진정으로 빛을 비추고 할 수 있는 최대한 바른 삶을 추구하다 보면 당신을 둘러싼 사람들에게 좋은 본보기를 보여주게 된다. 뿐만이 아니라 매일같이 스스로의 가치를 알 수 있게 된다. 단순히 스스로가 '잘한다'고 생각함으로써 자존감이 높아지고 목표도 달성되기 시작하며 다른 사람들을 격려하게 되고 그리고 그들에게 열정을 불어넣을 수 있게 된다는 것이다. 당신뿐만 아니라 당신이 아는 모든 사람들이 스스로 훌륭한 사람이 되고자 노력하도록 만들 수 있다는 말이다. 그렇다면 꽤 행복한 공동체가 형성되지 않을까?

분홍
앵무새

다음 이야기는 벌레보다 한 단계 발전한 분홍앵무새에 관한 것이다. 지금은 무슨 말을 하려는 건지 모르겠지만 그래도 조금만 인내심을 가져주기 바란다. 내가 무엇을 말하려는지 차근차근 설명할 테니.

몇 년 전, 평소 습관대로 아침에 뒤뜰에서 커피를 마시며 생각을 정리하고 있었다. 그곳에는 훌륭한 수풀 통로가 있었는데 너무나도 아름다운 호주 새들을 위한 안식처 같은 곳이다. 그날은 전형적인 추운 겨울날이었다. 울타리 위에도, 아이들의 그네 위에도 얼음이 얼어 있었다. 동쪽에서 천천히 태양이 떠오르자 따뜻한 광선이 얼음을 녹이기 시작했고 안개도 천천히 대기 속으로 사라져갔다. 새들이 활기를 띠며 둥지를 박차고 날아오르기 시작했다. 분홍앵무새와 회색앵무새 무리가 머리 위를 날고 있었다.

앵무새 무리가 하늘을 나는 것을 한 번이라도 본 적이 있는가? 그건 정말 흥미진진한 광경이다. 보통 새들은 목표 지점을 향하여 직선으로 날아가지만, 앵무새는 무리 속의 한두 마리가 갑자기 뚜렷한 이유도 없이 산발적으로, 거의 다른 새들과 부딪칠 만큼 지그재그로 난다. 그리고 다른 새들은 그것을 피하기 위해서 급선회한다. 그리고 다시 정렬하여 날아간다. 이러한 현상은 반복적으로 일어나고, 내가 보기에 앵무새들은 돌아가면서 차례로 그렇게 하는 것 같았다.

그들은 심지어 혼자 날 때에도 그렇게 난다. 이건 정말 이상한 일이다. 그 새들이 왜 그렇게 하는지 알 수가 없다.

아침에 햇살이 비치기 시작하면 정원의 울타리 주위로 벌레들이 날아다니는 것도 보게 되는데, 그들은 분홍앵무새들과 같은 하늘 아래 살지만 그들만큼 높이 날지는 않는다. 단지 정원 위에 살짝 떠 있거나 가볍게 날 뿐이다. 그들은 할 수 있는 만큼만 한다. 벌과 같은 것들은 과감하게 조금 더 높이 날지만 그래도 아주 높이 날지는 않는다. 반대로 분홍앵무새는 더 높이 날고, 더 빨리 날고, 그리고 어떤 날벌레보다 날쌔다. 그들은 마치 결단이 선 것처럼 보인다.

> 태도는 작은 것이지만 큰 결과의 차이를 불러온다.
> – 윈스턴 처칠

내가 원하는 건 분홍앵무새?

분홍앵무새는 속도도 빠르고 힘도 있고 확고해 보인다. 그러나 내가 뒷마당에서 관찰한 앵무새들은 방향이 없어 보였다. 그 새들 스스로에게뿐 아니라 주변 다른 존재들에게도 매우 시끄러운 방해꾼임은 애처롭지만 사실이다. 앵무새들은 다른 이의 진을 빼놓는다. 이건 놀랄 만한 일이 아닌데, 호주에서는 바보 같거나 어리석은 사람을 '분홍앵무새'라고 부른다.

이쯤에서 잠깐 인간의 행동을 비교해보자. 당신은 어쩌면 이제 막

날벌레 수준을 졸업했을지도 모른다. 지금은 자신에 대하여 좀 더 신뢰하게 되었을 수도 있다. 그런데 새로이 찾은 자신감과 속도와, 그리고 새롭게 얻은 그 힘을 가지고 무엇을 할 것인가? 당신이 분홍앵무새 같다고 느껴지지는 않는가? 스스로에 대한 믿음이 강해졌을 때 분홍앵무새가 되는 사람들이 실제로 있다.

그런 사람들을 발견하는 건 어렵지 않다. 내가 바로 그런 앵무새 같은 사람이었다. 허세에 가득 차고 무엇이든지 확신하지만 방향이 없는 방해꾼이었다. 빠르기? 당연히 빠르다! 그러나 나는 항상 다른 사람을 지치게 했다. 이 세상의 분홍앵무새들은 자신이 더 큰 힘과 더 빠른 속력과 더 민첩한 기동성과 더 위대한 능력이 있다는 것을 깨닫게 되면, 아주 단순하게, 학교에서 성적을 더 올리고 친구들을 더 많이 사귀고 운동 팀에 들어가려고 하는 등의 경향을 보인다.

만약 당신이 시끄럽고 요점 없는, 그저 무리들의 수를 채워주는 앵무새가 되기를 원한다면 그것으로 좋다. 하지만 스스로에게 물어보라. 내가 그저 군중 속의 또 다른 하나의 목소리가 되고 싶은 것인가? 분홍앵무새 같은 사람들과 평생 함께 지내길 원하는가? 이에 대한 대답이 예스라면 또 그것으로 좋다. 최소한 당신은 하늘을 날 수 있고 여행을 즐길 수 있으며 약간의 재미도 느낄 수 있을 테니 말이다. 당신은 더 이상 먹이 피라미드의 바닥에 있지도 않다. 그러나 이 책은 그만 읽어야 한다. 그리고 그저 이 수준에서 즐기기 바란다.

아주 좋다! 하지만 만약 할 수 있는 한 더 멀리 날아서 인생에서 무엇을 볼 수 있는지 알고 싶다면? 무엇을 듣기를 원하는가? 아니면 말하기를 원하는가? 만일 무엇이 되고 싶다는 강한 열망이 있다면? 음, 당신은 선택의 여지가 있다. 그런 분홍앵무새 같은 사람들과 어울리는 걸 그만두라. 당신은 다음 단계로 날아갈 수 있다. 만일 당신이 자신이 할 수 있는 것보다 더욱 크고 더욱 대단한 일을 위해 태어났다는 깊은 내면의 소리를 깨닫는다면, 당신이 그것을 찾기에 갈급하다면 나는 기쁘게 이 책을 추천하겠다.

fly 당신이 원하는 것을 깨닫고, 그리고 그것이 채워지길 원한다면 당신은 그것을 얻을 수 있는 길을 발견할 것이다.

－ 짐 론

독수리

앞에서 열여섯 살 때 뉴사우스웨일스 캥거루계곡의 농장에서 일했던 경험을 이야기했다. 정작 그 당시에는 깨닫지 못했지만 그때 나는 이후 10년간 나에게 어떤 계시가 될 무언가를 목격했다.

아침 일찍 짐을 풀고 있을 때 쐐기꼬리독수리가 바로 우리 위로 날아오르는 것이 보였다. 우리의 머리 위 50미터도 안 되는 곳이었다. 그때 독수리의 눈은 우리를 향하고 있었다. 그건 정말 놀라운 일이었다. 독수리는 우리 일터를 맴돌았다. 미풍에 따라 이리저리로 부드럽게 표류했다.

아침 9시쯤에 한 마리가 또 나타났다. 두 마리의 위대한 창조물은 우리를 감시하고 있었다. '이거 정말 멋진데.' 일하는 내내 그렇게 생각했다. 두 마리의 독수리는 상승기류에 몸을 맡기고 있었다. 두 마리 모두 날갯짓을 한 번도 하지 않는다는 사실이 너무 놀라웠다. 마치 글라이더 한 쌍이 바람을 타는 것 같았다. 그 모습이 여전히 내 머릿속에 남아 있다. 마치 어제 일처럼 생생히 기억난다.

독수리 같은 삶을 살고 싶은가? 당신의 삶에서 최대한 높은 곳까지

도달해보고 싶은가? 나는 그러고 싶다. 나는 나와 우리 가족의 가능성을 최대한 보고 싶다. 나와 아내, 아이들 그리고 수많은 사람들이 위대한 일을 하게끔 열정을 불러일으키고 싶다. 그런데 독수리와 같이 되기 위해서는 몇 가지가 변해야 한다.

위기를 극복하라

내가 본 독수리들은 퍼덕거리면서 날지 않았다. 실제로 독수리는 날개를 퍼덕거리지 않는다. 독수리는 외로운 새다. 고작 한두 마리가 함께 날아다니거나 새끼들에게 나는 법을 가르치는 정도다. 당신도 독수리처럼 목표를 정하고 자신의 잠재력이나 혹은 그 이상에 도달하기를 원하는가? 당신이 도달하고자 하는 곳에는 무리나 근중들도 없을 것이다. 옛 속담에서 "진정한 위대함은 역경 가운데서 나온다."라고 했다. 대단한 일을 해내기 위해서는 시련과 역경의 시간이 필요하다. 사람들은 당신과 함께 가려고 하지 않을 것이다.

"잔잔한 물은 훌륭한 선원을 만들지 못한다."

누가 이 말을 만들어냈는지 모르지만 정말 맞는 말이다. 인생에서 계속해서 평온한 물만 만난다면 폭풍이 몰아칠 때 무엇을 해야 하는지, 자기 자신과 배는 물론 선원들을 어떻게 다뤄야 하는지 절대 알 수 없다. 폭풍을 경험한 선원은 어떻게 자신과 배와 선원들을 지켜내야 하는지를 안다. 시드니에서 호바트까지의 요트 경기에 두서너 번 참

가했던 사람이 주변에 있다면 누구에게든 물어보기 바란다!

내가 말하고자 하는 요지는, 당신이 꿈을 실현시키고자 하면 어떤 일들이 생기고 무언가 꼬이기 시작한다는 것이다. 그것이 인생의 현실이다. 인생에는 늘 불완전한 세상과 사람이 공존한다. 사회 구조 속에서 사람들은 개인과 공동체의 목표 모두를 성취하기 위해서 서로 관계를 맺어야 한다. 그러나 안타깝게도 그 목표는 서로 다른 의견과 생각을 가진 개인과 공동체의 다른 믿음 체계를 바탕으로 한 것이다. 휴….

> 바다가 잠잠할 때는 아무나 키를 잡을 수 있다.
> - 퍼브릴리우스 시러스

그러니 문제가 꼬일 수밖에! 그러나 자신과 다른 사람들이 겪어온 경험을 이해한다면, 그리고 다시는 똑같은 실수를 반복하지 않기 위해 더 지혜로워지고 확고해진다면 앞으로 헤쳐 나가야 할 힘든 일들이 최소화될 것이다. 그래도 역시 꿈을 이룬다는 것은 말처럼 쉽지 않다. 꿈이 성취되기 쉬운 것이라면 누구나 다 이루었을 것이다. 하지만 그건 어려운 일이다.

심지어 마이클 조던과 같은 최고의 선수도 실수를 한다. 마이클 조던이라고 항상 경기 종료 직전에 결정적인 3점 슛을 날리는 것은 아니다. 타이거 우즈도 언제나 퍼팅하기 좋게 공을 올려놓는 것이 아니고, 로저 페더러도 가끔은 공을 코트 밖으로 쳐내기도 한다. 그리고 제임스 패커와 라클랜 머독도 원텔(One.Tel.: 호주 전화 회사로 제임스 패커와 라클랜 머독이 경영진으로 있다)이라는 실수를 저질렀다.

신사 숙녀들이여, 그리고 소년 소녀들이여, 실수는 할 수도 있는 것이다! 어떤 실수는 고통스럽고 어떤 것은 대가를 지불해야 한다. 원텔과 같은 것은 10억 불의 대가를 지불했다! 하지만 제임스 패커는 다시 일어섰고 전보다 더욱 강하고 더욱 지혜로워졌으며 더욱 부자가 되었다. 이제 그는 경험 많은 선원이 된 것이다. 앞으로 닥칠 폭풍이 두려워서 뱃머리를 돌리려는 사람들이 있다. 그래서 독수리는 혼자가 아니면 극히 소수의 몇 명하고만 어울리는 것이다. 오로지 폭풍우를 통해서만이 진정한 뱃사람이 되고 힘을 얻을 수 있다.

다시 한 번 독수리를 보자. 독수리는 새들 중에서 가장 높이 난다. 그래서 독수리는 더 멀리 볼 수 있고 다른 새보다 빨리 날 수 있다. 독수리는 새의 세계에서 포식자로서 최상위에 있다(먹이 피라미드의 가장 위에 있다). 그리고 원하는 곳으로 자유롭게 날 수도 있다.

성장하는 시간이 어렵다고 느껴진다면 보상이 그만큼 가치가 있다는 것을 기억하기 바란다. 어느 날 당신도 독수리처럼 당신의 자유를 쓸 수 있을 것이고, 그리고 높이 솟아오를 수 있을 것이다.

독수리처럼
비행하라

그러니 내가 다시 한 번 묻고 싶은 것은, 당신은 어떤 사람이 되길 원하는가?

그저 벌레로 남아서 요리조리 피하고 포식자의 눈치만 살피며 겨우 살아가고 싶은가? 아니면 분홍앵무새처럼 떼거리로 어울려 다니기만 하며 실제적인 목적이나 생각은 없이, 여러 명이 어울리니 안정감은 있지만 때로는 방황하고 그냥 그런 대로 평균 이상은 넘지 않게 사는 것이 좋은가? 그것도 아니면 당신이 할 수 있는 한 능력을 발휘해서 하늘을 날길 원하는가?

어려움을 극복하고 최고의 높이로 날며 꿈을 실현시키고 넓은 시야를 갖기를 원하는가?

어떤 부류의 사람이 되고 싶은가? 벌레? 분홍앵무새? 독수리? 선택은 당신에게 달렸고 당신만이 선택할 수 있다. 핑곗거리는 없다. 핑계는 암내와 같다(겨드랑이는 모든 사람에게 있고 거기서는 역한 냄새가 난다!). 인생은 후회하며 살기에는 너무 짧다. 열정적인 삶, 도전하는 삶을 살자.

열정적인 삶을 산 사람으로는 제시 마틴Jesse Martin을 예로 들 수 있다. 제시는 열일곱 살에 최연소로 혼자 세계 일주 항해를 했다. 그러던 어느 날 밤, 역사적인 모험을 하게 되었다. 세계적으로 악평이 나 있는 아르헨티나 케이프 혼(남미 최남단의 곳) 남쪽 바다를 지나가면서 배가 네 번이나 뒤집혔다. 배가 파도에 부딪혀 뒤집혔다 다시 일어서기를 네 번 반복했다. 한 번은 그럴 수 있지만 하룻밤 새에 제시의 배는 네 번이나 그런 위험을 겪은 것이다.

바닷물은 얼음처럼 차가웠다. 그는 두렵고 춥고 배고프고, 그리고 혼자였다. 배에 장착된 카메라 필름에는 그가 "집에 가고 싶어. 아, 이제 정말 싫어."라고 울부짖는 장면이 찍혔다.

제시를 찍은 이 필름이 방송에 나갔다. 한 TV 인터뷰에서 그에게 질문했다.

"그때 죽는다고 생각했나요? 비극적인 죽음이라고 생각했나요?"

그때의 제시의 대답은 뭔가 내 마음에서 불타고 있던 것에 더욱 불을 붙였다.

"예, 저는 제가 죽을 거라고 생각했어요. 하지만 그것이 비극적인 죽음이라고는 생각하지 않았어요."

그는 눈에 눈물이 고이며 계속 말을 이어갔다.

"비극은 구십 살까지 살았지만 꿈을 이뤄보지 못한 것이죠. 하지만 저는 열일곱이고 꿈을 이루다가 죽는 거잖아요!"

제시 마틴은 독수리다! 그리고 당신 역시 그런 사람이 될 수 있다!

당신이 어떤 선택을 하든, 나는 나에게 주어진 선택 중에서 제법 어려운 인생의 유형을 택하고 싶다. 나는 독수리처럼 상승기류를 타고 싶다!

당신은 어떤가?

당신의 꿈은 무엇인가?

Fly | 플라이

tip

· 일단 변화하기로 결정했다면 어느 단계로 날고 싶은지 정해야 한다. 벌레인가, 분홍앵무새인가, 아니면 독수리인가?

· 선택의 자유는 지혜롭게 쓸 때만이 선물이 될 수 있다.

· 당신의 잠재력을 깨우기 위해서는 희생이 필요하다.

· 더 높이 날수록 더 멀리 보게 된다.

· 결국 선택은 자신에게 달렸다. 스스로를 믿고 자신의 잠재력을 믿으라. 그러면 당신은 독수리처럼 날 수 있다.

열여섯 살의 리오Leo는 가난한 동네에서 살았다. 부모님은 그를 적극적으로 지원해주는 훌륭한 분들이었지만 그의 미래에 대해서는 큰 그림을 제시하지 못했고 리오 자신의 자존감도 상당히 낮았다. 리오는 스스로의 가치를 몰랐다. 그저 스스로 쓸모없는 사람이라고 생각했다. 리오는 꿈이 있었지만 그것은 상상 속에서만 존재했다.

리오의 가장 친한 친구 제이미가 우리 데어옵스 캠프를 다녀간 후 리오에게 캠프에 대해 계속 떠들어댄 모양이었다. 제이미는 리오에게 생각보다 자신의 잠재력이 훨씬 크다는 것을 깨달았다고 말했다. 리오가 다음 캠프에 가겠다고 말할 때까지 제이미는 계속해서 리오를 설득했다. 제이미는 여태껏 캠프에 참여한 사람들 중에서 가장 열정적인 사람임이 증명되었다.

리오는 벌레보다 더 높이 나는 것을 배웠을 뿐만 아니라 어떻게 독수리처럼 나는지도 배우게 되었다. 그는 자신이 가치 있는 사람이고 꿈을 이룰 수 있다는 것을 알았다.

리오는 캠프에서 돌아온 후 가족들에게 긍정적으로 사랑을 표현하기 시작했다. 부모님들은 깜짝 놀랐다. 리오의 인생관이 완전히 바뀐 것에 그들은 감동했다. 얼마나 높이 날 수 있는가는 어느 동네에 살고 은행 잔고가 얼마인지에 달려 있는 것이 아니다. 생각과 태도, 그리고 궁극적으로는 그것을 어떻게 사용하느냐에 달려 있다. 그것을 깨달았을 때 리오의 인생관이 극적으로 변한 것이다.

리오는 배운 대로 살았다. 그는 계속 성장하여 우리 데어옵스로부터 가장 신뢰를 받고 의지가 되는 리더 중 한 명이 되었다. 다른 캠프에서는 리더로 자원하여 활동하기도 했다. 그는 지역 퇴역군인회 이사진의 전폭적인 지지를 받으며 안정된 직장 생활을 하고 있다. 그는 유명한 몇몇 회의에 우리 측 대표로 참여했다. 그는 독수리들 가운데 섞여 그의 길을 따라 높이 날아 올라가는 중이다.

리오의 환경은 더 이상 그를 막지 못한다. 그는 자신의 운명과 얼만큼 높이 올라갈 것인지를 스스로 선택할 수 있는 힘이 있다는 것을 배웠다. 그의 꿈은 보라색 켄워스Kenwarth 트랙터를 사서 그의 아버지처럼 트럭 운전사가 되는 것이다. 그리고 현재 그는 그 꿈을 이루었다고 생각한다. 리오는 하늘을 날고 있다!

Fly

04
팀워크가 필요하다

당신의 꿈을 과소평가하는 사람을 멀리하라. 좁은 사람들만이 그렇게 하는 것이다.
정말 훌륭한 사람은 당신도 역시 훌륭한 사람이 될 수 있다는 걸 알게 한다.
- 마크 트웨인

좋은 팀을
찾아라

이 장에서는 지금부터 어느 방향으로 가야 하는지 알아볼 것이다. 얼마만큼 높이 나느냐는 우리의 선택에 달려 있다고 앞에서 얘기했다. 그런데 또 한 가지, 당신이 독수리가 되기를 원한다면 당신과 함께 할 수 있는 사람은 몇 명밖에 없다는 것을 알아야 한다.

또한 독수리들은 혼자서는 살 수 없고 자녀도 만들 수 없다. 최소한 두 마리가 있어야 새끼를 낳아서 먹이고 기르고 또 나는 방법을 가르칠 수 있다.

결과적으로 당신은 당신의 꿈을 열매 맺게 하기 위해서 좋은 사람들과 관계를 맺어가고 연합해야 한다. 꿈을 성취하려면 좋은 팀을 형성해야 한다.

관계에
종속되지 말라

우리는 모두 살면서 강하고 건강한 관계를 맺어야 한다. 우리 주변에는 우리가 사랑하고 귀하게 생각하는 사람들이 있어야 한다. 그러면 거꾸로 그들이 우리를 사랑하고 존귀하게 여길 것이다. 그들은 우리를 사랑하고, 무너뜨리지 않고 일어서게 할 것이다. 그런 사람들은 우리가 잠재력을 깨닫도록 자유롭길 원하고, 우리의 필요를 자신들의 것보다 먼저 채워주려 한다. 반대로 어떤 관계들은 매우 파괴적이다. 파괴를 불러오는 관계는 나에게 있는 선택의 자유를 빼앗는다.

아마도 답답하다고 느끼게 될 것이며, 허락 없이는 한 발짝도 움직일 수 없다고 생각하게 될지도 모른다. 그들의 말대로 하지 않으면 그에 대한 응징을 받을 것이라는 두려움 때문이다. 아니면 아마 과거에 누군가 감정적으로 조정한 경험이 있기 때문일 것이다. 조정하려고 하는 사람들은 또한 당신을 단단히 붙잡아서 그들의 감정을 풀 대상으로 삼으려 한다. 만약 당신이 이런 관계 속에 있다면 그 관계를 정리하라. 그러지 않으면 그로 인해 당신이 파괴될 것이다!

나에게는 단지 인생의 방향이 서로 달라서 만나지 않는 친구들이 있다. 나는 나의 꿈을 격려하지 않고 나 자신을 바로 보지 못하게 하는 친구들은 절대로 보고 싶지 않다. 나는 견고하고 건강한 관계의 미덕을 배워왔다. 만약 당신이 그게 무엇이냐고 묻는다면, 흠…, 이제부터 조금 사적인 이야기를 해야 할 것 같다.

해로운 관계

내가 열여덟 살 때였다. 함께 일하던 동료가 나를 한 그룹에 소개시켜 줬는데 처음에는 모두 좋은 사람들 같아 보였다. 친절하고 똑똑해 보이기도 했다. 내가 그들과 어울렸던 건 어딘가에 소속되어 있다는 느낌을 받고 싶어서였다. 나는 종종 저녁을 함께하기도 하며 그들과 시간을 보냈다. 처음 몇 달간은 그냥 단순히 재미있게 지냈다. 그리고 마침내 그들 중 몇 사람과 친해졌다.

신뢰하고 존중했던 그 친구들은 내가 자기들이 원하는 대로 결정하게 만들려고 했다. 그들하고 어울리지 않으면 내가 낙오자가 될 거라고 생각하게 했다. 왜냐하면 나는 아무것도 아닌 존재니까. 그 사람들은 내가 이기적이고 미성숙해 멍청하고 좁은 생각으로 꿈만 꾼다며 나를 '꿈꾸는 사람'이라고 불렀다. 내가 이기적인 욕망으로 가득 차서는 나만의 왕국을 만드는 것에만 관심이 있다고 말했다. 관계는 점차 어두운 방향으로 흘러갔다. 나는 혼란스러워졌다.

어느 시기에 이르자 나는 자존감이 낮아졌고 그들과 동질감을 느낄 수 없었다. 그 이후로도 8년간이나 그들과 어울렸는데, 나는 내내 나의 생각보다는 그들의 의견을 더 중요하게 여겼던 듯하다. 완전히 갇혀 있는 느낌이었다. 스스로가 중요하고 가치 있는 사람이라고 느끼기 위해서 누군가를 필요로 할 때 종속적인 관계가 형성된다. 서로가 없으면 둘 다 아무짝에도 쓸모없는 사람이라고 생각하는 것, 그것이 바로 종속적인 관계다. 나는 종속 관계로 사람들과 어울렸던 것이다. 그들은 나의 문제를 지적하면서 스스로의 자존감을 높이고 있었다.

그들은 나를 도와줄 수 있었고 그리고 도와주려 했다. 누군가 나를 도와주려 하면 그것만으로도 스스로를 중요한 사람이라 여기게 된다. 또 도움을 주는 사람들의 입장에서 보면 도움을 줄 수 있기 때문에 자신을 중요한 사람으로 느낀다.

따라서 종속적인 인간관계를 맺는다면 분명 둘 중 하나다. 피해자냐, 가해자냐. 가해자는 희생자를 이런 말로 조정한다.

"만약 나를 떠나면 아무도 너를 돕지 않을 테고 결국 혼자 되어서 심지어는 죽을 수도 있어."

희생자는 가해자를 이런 말로 조정한다.

"만약 나를 돕지 않으면 나는 죽을 거야. 그리고 그건 당신 책임이야."

이런 말은 분명 이상하게 들리지만, 많은 사람들이 이렇게 살고 있고 심지어는 가족 관계에서도 이렇게 조정하는 사람들이 있다.

다행히도 나는 그들에게서 자유로워졌다. 그 그
룹 밖에서 만난 사람들과는 건강한 관계를 계속
유지할 수 있었다. 가슴에서 들려오는 목소리와
긍정적인 새로운 친구들의 격려는 그 관계가 건강
하지 못했음을 깨우쳐주었다. 그들과의 관계는 나를 성장시키고 나의
잠재력을 일깨우는 데 전혀 도움이 안 되었고, 사실상 그 정반대의 길
을 가고 있었다.

나는 친구들과의 관계를 더욱 긍정적으로 돈독히 쌓고 점차 부정적
인 친구들과의 관계를 정리했다. 당신이 인생에서 계속해서 공급하는
것은 넘칠 것이고 단절시키는 것은 없어질 것이다. 그렇게 계속해서
반복한다면 부정적인 친구들과의 관계는 모두 사라지게 되어 있다.

그것으로부터 배우기

이 시기를 통해서 나는 너무나도 귀한 세 가지
교훈을 얻었다. 그로 인해 지금의 내가 만들어진
것이다. 첫 번째 교훈은 사람을 그렇게는 대하지 말아야 한다는 것, 두
번째는 나의 꿈을 향해 계속 전진해나가야 한다는 것, 그리고 세 번째
배운 귀한 교훈은 내가 의타심이 생기게끔 날마다 생선을 주는 사람이
아니라 생선 잡는 법을 가르쳐주는 사람과 사귀어야 한다는 것이다.

나는 현재 상호 종속 관계에 있던 모든 사람들과의 관계를 정리했
다. 오늘날 내가 중요하게 생각하는 관계는 상호 의존적인 관계다. 나

는 나의 자존감을 더욱 세워줄 수 있는 사람, 그러나 자신의 자존감을 높이고자 나를 이용하지 않는 사람과 사귀기를 원한다. 그들의 자존감은 안정적이다.

또 나로 인해 상대가 중요한 사람이라고 느끼기는 바라지만 그것을 이용하여 나의 자존감을 높이고 싶지는 않다. 그저 서로 친구인 것을 즐길 뿐이다. 우리는 모두 동료이다. 꿈을 달성하겠다는 같은 열정과 같은 방향을 가지고 서로를 격려해야 한다.

긍정적이고 건강한 관계는 매우 귀중한 것이다. 좋은 사람들은 당신이 먼 여정을 걸어갈 수 있도록 도와준다. 그들 자신을 위해서가 아니라 당신을 위해서 당신이 계속 전진할 수 있게 밀어붙이는 사람들을 소중히 여겨라. 그들은 당신이 깨닫고 있는 이상으로 중요한 사람들이다. 그들은 당신 팀을 소중한 사람들로 채우게 해줄 것이고 당신의 꿈이 성취될 수 있도록 도울 것이다.

팀워크의
힘

더 나은 성과를 얻기 위해서는 어떻게 협동하느냐가 중요하다. 따라서 팀 구성원은 굉장히 중요한 존재다. 호주 공군 특수 기동대원들을 보면 팀원의 중요성을 잘 알 수 있다. 아무리 많은 사람들이 포진해 있어도 그들이 훨씬 더 효율적으로 움직인다. 호주 공군 특수 기동대는 세계에서 두 번째로 잘 훈련되어 있다고 알려져 있다(이스라엘의 특수 기동대가 가장 유명하다).

왜 그들이 그렇게 유명한 것일까? 왜냐하면 그들은 모두 한 몸으로 행동하기 때문이다! 다섯 명 구성원들은 하나의 고유 임무를 지고 있고 각자의 임무를 존중한다.

나의 친한 친구가 공군 특수 기동대에서 복역을 했는데 그는 나에게 그들이 왜 좋은 사람들인지 그 이유를 말해주었다. 그들은 계속해서 훈련을 받고, 그리고 서로 최고의 장점들만 발견한다고 한다. 왜냐하면 모든 사람들이 팀에 기여할 만한 어떤 것을 가지고 있다고 믿기 때문이다. 그들은 정말 다음의 표어대로 산다.

Together(함께)

Everyone(모두)

Achieve(이루자)

More(더욱더)

나는 인생이 때론 스포츠와 같다고 생각한다. 이런 생각이 든 건 아마도 내가 어렸을 때나 나이가 들어서 선수로 뛰어보았기 때문일 것이다. 경기에서, 특별히 팀 경기에서 선수들이 이기적인 마음으로 뛴다면 어떤 일이 생길까? 개인의 삶이나 사업을 하는 것처럼 말이다.

럭비의 경우를 보자. 만약 공격수들이 공을 들고 뛰지 않거나 어떤 공격수 한 명이 테클 당하는 것을 싫어한다면 어떻게 될까? 주장이 공을 패스하지 않고 항상 독차지하려고 한다면 어떻게 될까? 만약 측면 공격수나 중앙에 있는 선수들이 자신의 포지션에서 기다리고 있지 않고 공을 찾아서 이리저리 움직인다면 어떻게 되겠는가? 매번 상대팀에게 지고 말 것이다!

팀은 서로 패스를 함으로써 경기를 해나갈 수 있다. 주장이 공을 패스해주지 않는다면 좌우측 공격수들은 점수를 낼 수 없다. 공격수들이 중간에서 열심히 싸우지 않는다면 주장은 공을 가질 수 없다. 상대팀이 점수 나는 것을 막지 않는다면 당신의 팀은 이길 수 없다. 모든 사람들은 방어에 최선을 다해야 하고, 과감하게 경기에 몸을

> 다른 사람이 꿈을 달성하도록 돕는다면 당신도 당신의 꿈을 달성할 수 있을 것이다.
> - 레스 브라운

던져야 한다. 팀워크는 예상 이상의 결과를 낳을 수도 있다.

그래서 주변에 좋은 사람들로 가득한 것이 매우 중요하다. 나는 1998년에 뉴사우스웨일스 주에서 권투 챔피언이 되었다. 물론 그때 나는 모든 시합에서 혼자 싸웠다. 그러나 완전히 혼자는 아니었다. 트레이너, 코치, 스포츠 분석가, 스파링 파트너, 그리고 나를 밀어주는 가족이 하나가 되어 내 꿈이 실현될 수 있도록 도왔다. 그들의 도움이 없었다면 나에게 승리란 없었을 것이다.

서로를 일으켜주고 연결하고 같이 파트너가 되어 서로 자기 자신만큼이나 소중하게 생각하는 것, 이러한 모든 것이 합쳐질 때 당신은 꿈을 이룰 수 있다. 또한 보다 훌륭한 인생을 살 수 있다.

짝이 맞는
황소를
찾아라

3장에서 말했듯이 어떻게 살아야 한다는 결정이 우리의 감정에도 영향을 미친다. 우리가 선택한 주변 사람 또한 우리 감정에 영향을 미친다. 그러니 팀원들을 조심스럽게 짜는 것이 정말로 중요하다. 우리는 꿈이 현실이 되게 하기 위해서 긍정적인 영향을 주는 사람들과 관계를 맺을 필요가 있다.

멍에가 무엇인지 아는가? 그것은 예전에 농가에서 쓰던 도구 중의 하나인데 두 마리 황소의 어깨에 놓는 것이다. 멍에를 끈으로 묶어서 소 뒤로 늘어뜨리고 그것으로 밭을 경작했다.

밭을 더욱 효과적으로 경작하기 위해 지혜로운 농부들은 황소 한 쌍이 끌게 했다. 그러나 짝이 될 두 소를 정하는 데는 신중을 기해야 한다.

이 원리를 우리에게도 적용해보면, 우리는 꿈을 이루기 위해 앞으로 나아간다. 그리고 꿈을 이루기 위해서는 파트너의 선택에 신중해야 한다. 어떤 사람을 선택하고 누구와 관계를 맺을지 고민해봐야 한다.

당신이 안정감을 찾을수록 안정감은 멀어진다. 당신이 기회를 찾을수록 당신이 열망하던 안정감이 찾아올 것이다.

– 브라이언 트레이시

많은 사람들이 그저 누군가가 자신의 꿈을 실현시켜 주기만을 기다리고 그들에게 달라붙어 있으면 된다고 생각한다. 이쯤에서 내가 만난 한 사람을 소개하도록 하겠다. 가명을 써서 프레드라고 부르기로 하자.

프레드는 항상 내가 어떤 생각을 가지고 일을 하고 어떤 새로운 생각이 있는지 궁금해했다. 내가 그와 생각을 나눌 때마다 항상 자신의 의견을 이야기했고 그의 의견 때문에 얼마다 다른 결말이 맺어지는지를 나에게 강조했다. 항상 자기 덕분에 몇 퍼센트나 절감이 되었는지를 꼭 얘기했다.

그는 주저 없이 자신의 주장을 말했다. 그는 한 발짝 떨어져서 자신의 아이디어에 대해 생각해보고 상대가 생각을 바꿀 수 있도록 참을성 있게 설득하지도 않았다.

프레드를 만난다면 아마도 당신에게 얼굴을 들이대며 열변을 토할 것이다. 이 점 하나는 인정해줘야 한다. 프레드는 돈만 벌 수 있다면 자신의 생각을 다른 사람들에게 직선적으로 얘기하고 사람들이 어떻게 생각하는지는 상관하지 않는다. 나는 그와 파트너 관계를 맺으려고 항상 지켜보았지만 그러나 결론은 늘 같았다.

그와 함께한다면 꿈은 길을 벗어날 것이고 파트너 관계는 온데간데

없이 사라질 것이다. 당신은 계속해서 프레드가 어떻게 이러한 아이디어를 냈고 파트너와의 관계를 잘못 이끌어 마침내 일이 수렁에 빠지게 됐는지를 듣게 될 것이다.

당신도 프레드 같은 사람과 짐을 함께 지길 원하지는 않을 것이다. 만약 농부가 작고 연약하고 느린 황소와 덩치도 크고 강한 황소를 짝지어준다면 어떤 일이 일어날 것이라 생각하는가? 불쌍한 농부는 밭을 똑바로 경작하기 위해 무진 애를 써야 할 테고, 너무 많은 시간과 에너지가 소비될 것이다. 정확히 말하자면 거의 일을 진척시키지 못할 것이다.

때때로 우리는 그저 사람들과 '연합'하면 파트너에게 허락을 받은 것이기 때문에 인정받고 받아들여지고 있다고 느끼지만 결국 이런 파트너 때문에 더 느려지고 혹은 완전히 멈춰버리는 경우도 있다.

신통치 못한 야수들

만약 당신의 파트너가 프레드와 같은 사람이라면(나는 그런 사람들을 신통치 못한 야수라고 부른다) 그가 당신의 속도를 늦추고 꿈을 이루는 과정에서 이탈하게 만들 것이다. 그러나 이 평형상태에서는 당신이 강한 쪽이라는 것을 기억하라. 당신은 모든 것을 갖췄다. 당신에게는 꿈이 있고 그것을 추진할 수 있는 열정이 있다. 신통치 못한 야수가 당신을 방해하거나 과정에서 벗어나게끔 만들지 마라. 결국 신통치 못한 야수도 당신과 어울릴 만한 황소가 어딘가에 있다는 걸 알 것이다. 왜냐하면 당신과 끝까지 함께 있으면 결국 둘 다 도살장으로 끌려 가게 될 것이기 때문이다.

동반자

신통치 못한 야수들이 있듯이 내가 '동반자'라고 부르는 사람들도 있다. 이런 종류의 사람들은 행 동하는 사람처럼 생각하고, 생각하는 사람처럼 행동한다. 만약 당신 이 이런 사람과 멍에를 같이 지길 원한다면 당신은 정상적인 단계를 밟고 있는 것이다. 그러면 더 짧은 시간에, 더 적은 에너지로 목표에 도달할 가능성이 높아진다. 텍사스에서 있었던 다음 이야기는 동반자 가 어떻게 우리를 돕는지를 보여준다.

텍사스에서는 매년 견인마 끌기 행사가 펼쳐진다. 각 시골에서 올라 온 농부들은 시합에 참여하고 어느 말이 가장 센지 지켜본다. 말은 밀 가루며 보리 같은 것들을 실은 바퀴 없는 수레를 끌며 달린다.

어느 해에 일등한 말은 5톤을 끌었다. 그리고 이등은 4톤을 끌었다. 조직위원회에서는 두 말이 멍에를 지고 함께 끈다면 혹시 10톤도 끌 수 있지 않을까 궁금했다. 그래서 두 마리에게 10톤의 물건이 들어 있 는 수레를 짊어지게 해보았더니 두 말은 별로 힘들지도 않은 듯 끌고 갔다.

그래서 그들은 말들이 더 이상 움직일 수 없을 때까지 계속해서 짐 을 실어보았다. 거의 30톤가량이 될 때까지. 그들이 힘을 합치자 각각의 힘을 합친 것보다도 세 배나 무거운 짐을 끌 수 있었던 것이다.

네트워킹이 아닌 결합

최근 화두가 되고 있는 '네트워킹'이라는 말이 연사들 사이에서, 특히 기업 강의에서 많이 사용되는 것을 목격한다. 하지만 나는 네트워킹이라는 말을 그다지 좋아하지 않는데 그 이유는 내가 보아온 네트워킹을 하는 사람들은 그저 상대에게서 무엇을 얻고자 관계를 맺는 것처럼 보였기 때문이다.

그 이기적인 정신 상태는 계속 겉으로 드러난다. 나, 나, 나, 나…. "우리 네트워크를 만들자!"라는 말의 속뜻은 "너 나를 어디에 써먹을 래? 그리고 나는 너를 어디에 쓸까?"이다.

fly 멀리 보면 우리는 우리의 삶을 만들어가고 우리의 모습을 만들어간다. 이 과정은 결코 끝나지 않는다. 그리고 우리가 한 선택들은 궁극적으로 우리 자신의 책임이다.

– 엘리너 루스벨트

앞에서도 언급했듯이 관계를 건강하게 형성하는 것이 가장 중요하다. 사업적인 관계도 마찬가지다. 내가 생각하기에 사업을 할 때 가장 효과적이면서도 안전한 방법은 각 사람들을 존경심으로 대하고 높여주며 위엄을 갖추는 것이다. 하지만 안타깝게도 사업을 하는 사람들

중 이렇지 않은 사람들도 많다. 내가 아는 몇 명의 사업가들은 공동 이익을 위해 네트워크를 형성하고 있다. 좀 더 파헤치자면 그들은 서로를 사람으로 대하지 않고 그저 사업가로 대한다. 나는 그런 것에 화가 난다.

나는 사람들이 소위 말하는 '사다리' 정신으로 네트워크를 맺고 있다고 본다. "나는 당신을 내 사다리의 확장된 다리처럼 생각할 거예요. 당신이 나를 얼만큼 높이 올라가게 하는지 보겠어요. 일단 내가 당신을 이용할 수 있으면 나는 계속 올라갈 거예요. 그리고, 음, 당신에게 무슨 일이 일어나는지는 누가 신경이나 쓰겠어요?"라고 생각하는 것 같다. 어떤 사람들은 그런 것이 사업이라고 말한다. 나는 그것을 쓰레기라고 말하고 싶다.

나는 사람들과 사귀는 것을 좋아한다. 나는 서로에게 좋은 것을 제공할 수 있는 긍정적인 관계를 지향하고 모든 사람이 혜택을 누릴 수 있는 장을 마련하고 싶어한다. 이런 방식은 단기적으로 볼 때 눈앞에 나타난 기회를 놓치게 할 수 있지만 위엄과 명예가 있는 사람으로 만들어준다. 존중과 정직이라는 기반 위에서 맺은 관계는 단순한 사업 관계를 넘어서 견고한 평생 친구가 된다. 좋은 친구가 필요 없다고 자신 있게 말할 수 있는 사람이 있을까?

fly

지금 세대의 가장 위대한 발견은 인간이 그들의 마음가짐을 바꿈으로써 삶도 변화시킬 수 있다는 것이다.

– 제임스 앨런

SOS!

친구란 나의 잠재력을 더욱 자라게 하고 삶을 좀 더 보람되고 풍성하게 만들어주는 사람이다. 진정한 친구란 자신의 유익보다는 친구의 유익을 먼저 생각하는 그런 친구다. 불행히도 우리 사회에서 서로에게 이런 마음가짐을 가진 사람을 만나보기는 어렵다. 이런 이유에서 나는 이 장의 제목을 SOS라 붙였다. SOS는 모스 기호로 '우리의 영혼을 구하라Save Our Souls'의 약자이다. 여기서 팀 정신을 발견할 수 있다. 이 문장 어디에서도 '나'를 찾아볼 수 없다. 그저 '우리'가 있을 뿐이다.

그러나 이 SOS를 약간 변형시키면 완전히 다른 의미가 생긴다. 이것을 질문 형식으로 만들 수 있다.

"당신은 어리석습니까, 아니면 이기적입니까Are you Stupid Or Selfish?"

한번 생각해보자. 살면서 모두 어리석은 짓을 한 번쯤 해봤을 것이다. 우리 중 어떤 사람들은 아마 더한 삶을 살았을 것이다. 우리는 모두 멍청한 짓과 부끄럽고 당황스러운 일을 저지르며 산다. 나도 그랬다! 사람들은 늘 어리석은 짓을 하면서도 자신들이 그러고 있는지를 모른다. 이것이 우리가 스스로에게 질문하지 않으면 안 되는 이유이다. 자신에게 자꾸 질문을 하지 않으면 우리는 실패한다.

건설 현장에서 일하면서 나의 눈이 번쩍 뜨였
다. 나는 얼마나 많은 사람들이 바보 같은 짓을
하는지, 그리고 그것을 깨닫지 못하는지 알게 되
었다. 건설 현장에는 몇 개 분야의 반장들과 그
들이 데리고 있는 노동자들, 현장 근로자들, 감독, 간부들, 그리고 보
조 계약자들이 하나의 목표를 가지고 서로 연합하여 일한다. 그들은
빌딩을 짓고, 그리고 가급적 빨리 공사를 끝내야 한다. 빨리 끝낼수록
더 이득이기 때문이다. 그렇다면 상식적으로 볼 때 각 반장들이 서로
잘 연합하여 공사를 빠르고 쉽게 진행할 것 같다. 그러나 상식이 항상
상식인 것은 아니다!

내가 일했던 현장에서는 꽃몇 사람들이 같이 일할 때마다 연장이 없
어졌다. 그 때문에 다른 사람들은 일하는 속도가 줄어들 수밖에 없었
다. 귀한 시간을 연장을 찾는 데 써버리거나 아니면 다시 사 와야 했
다. 이런 것은 현장에 불신을 퍼뜨리는 일이다. 사람들은 뒤에서 흉을
보기 시작하고 이것은 암 세포처럼 번져 불협화음이 일게 된다. 생각
했던 것보다 일이 진척되지 않으니 반장들은 늘 스트레스를 받으면서
하루를 시작해야 했다.

이렇게 되면 물론 예상했던 이득을 볼 수 없게 된다. 이 모든 것은
단순히 공구를 돌려놓지 않은 어떤 사람들의 어리석은 결정 때문에
일어난 일이다. 어떤 사람이 어리석은 짓을 했을 때는 백이면 백 이기

적인 생각에서 비롯된 것이다. 어리석은 짓을 하는 사람들은 자기 자신만을 생각한다. 도로에서 만나게 되는 최악의 운전자는 대개 이기적으로 운전하는 사람이다. 여기 이기심에서부터 비롯된, 일상적으로 자주 하는 멍청한 행동의 완벽한 예가 있다.

어느 날 쇼핑몰 주차장에서 깜짝 놀랄 만큼 이기적인 운전자를 목격했다. 그날은 크리스마스 이틀 전이라 주차장이 꽉 차 있었다. 한쪽 줄에서는 내가 자동차를 빼면 주차를 하려고 어떤 사람이 기다리고 있었다. 근데 내가 차를 빼는 사이 다른 차가 그 사이로 자기 차를 들이밀었다! 그 차가 사이에 끼는 통에 나도 차를 뺄 수가 없었고 기다리던 사람도 차를 움직일 수가 없었다. 거기에다 크리스마스 전에 선물을 사려고 몰려든, 스트레스로 지친 다른 운전자들까지 그는 막고 있었다.

그 '참을성 없음' 씨는 마침내는 우리 사이를 지나쳐서 갔지만 만약 그가 45초만 기다렸어도 훨씬 더 쉽게 지나갔을 것이고 나도 기쁘게 출구로 향하고 다른 운전자들도 지체하지 않아도 됐을 것이다. 많은 사람들을 당황하게 만들고 어쩌면 불쾌한 상황을 만든 것은 단지 몇 분만 기다렸다면 해결됐을 일이었다. 어리석은 것인가, 아니면 그저 이기적인 것인가!

각자의 인생을 돌아보자. 만약 당신이 솔직하다면 장담컨대 속으로 이득을 계산했을 때 큰 실수를 한 적이 있을 것이다. 말은 배려해서 한 것이라고 하면서 말이다. 그 실수가 당신을 어떤 사람으로 만들었는가? 그것을 통해 어떤 것을 느꼈는가? 또 무엇을 깨달았는가? 당신은 어떤 혜택을 보았는가? 흠, 솔직해져보자. 당신이 스스로에게 정직할 수 있다면 다른 사람에게도 정직해질 수 있다.

어리석은 짓을 하는 이유가 이기심 때문이라는 것을 깨닫는 것이 다시는 그러한 실수를 반복하지 않게 되는 중요한 단계다. 만약 우리가 다른 사람을 나와 같이 생각할 줄 안다면 나중에는 자신이 더욱 현명해져 있음을 깨닫게 될 것이다. 어리석은 행동들은 이미 과거가 되어 있을 것이다. 꿈은 지혜를 통해 더욱 확실해지지만 이기심을 통해서는 흐릿해진다.

tip

· 잘못 맺은 관계는 매우 파괴적이다. 그러나 긍정적이고 건강한 관계는 우리를 강하게 만든다.

· 경험으로부터 교훈을 얻어라. 부정적인 것에서부터 언제나 긍정적인 것을 얻을 수 있다.

· 팀으로 하는 것이 개인이 하는 것보다 더 많은 것을 성취할 수 있다.

· 상식이 언제나 상식인 것은 아니다.

· 어리석은 행동은 이기적인 태도를 행동에 옮겼을 때 나온다.

대러 토리스Dara Torres는 1984년 로스앤젤레스 올림픽에서 400미터 자유형으로 금메달을 딴 미국 수영 선수다. 그녀는 이후 세 번 더 올림픽에 출전해 1988년 서울 올림픽과 1992년 바르셀로나 올림픽에서 금메달을 땄고 2000년 시드니 올림픽에서 세 개의 동메달을 땄다. 그 후 대러는 은퇴를 하여 임신을 계획한다. 그러나 은퇴 후에도 그녀는 수영에 대한 꿈을 접을 수 없었다. 그리하여 마흔의 지긋한 나이에 컴백하여 2008년 베이징 올림픽에 출전하기 위해 준비했다. 대러가 미국 올림픽 팀에 들어가면 경기에 출전하는 최고 노장 여자 선수가 되는 것이었다.

대러는 그 일을 혼자서 하지 않았다. 대러의 경우는 팀워크가 기대 이상의 결과를 낳은 완벽한 예이다. 그녀의 팀은 많은 사람들로 구성되어 있는데 각기 전문 파트가 있다. 스티브 시에라와 앤 티어니는 대러의 트레이너와 마사지 치료사이다. 둘은 대러에게 한 주에도 몇 번씩 혹독한 스트레칭을 시켰다. 각 훈련은 두 시간씩 지속되었다. 스트레칭은 대러가 젊은 경쟁자들과 시합을 할 수 있도록 유연성을 유지

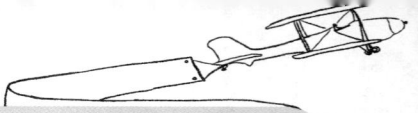

하는 데 중요한 역할을 했다. 훈련과 경기가 끝나면 대러는 부상 방지에 도움이 되는 집중 마사지를 받았다.

남편인 데이비드 호프먼도 대러의 팀에서 중요한 역할을 했다. 대러가 훈련이나 시합을 하는 동안 그는 14개월 된 딸 테사를 돌보고 심적으로도 그녀가 미국 수영 팀에 들어갈 수 있도록 지원을 아끼지 않았다.

그리고 대러의 놀라운 꿈을 현실이 되게 하기 위해 훈련을 계획하고 관찰했던 대러의 수석 코치, 미셸 로버그가 있다. 또 단거리 코치인 크리스 잭슨은 그녀가 기술을 연마하고 에너지의 마지막까지 모두 쏟아 최대한으로 발산할 수 있도록 도왔다.

마지막으로, 그러나 작지 않은 역할을 한 이로 힘과 컨디션 코치인 앤디 오브라이언이 있다. 앤디는 대러가 힘을 길러서 너무 숨이 버겁지 않도록 하여 물에서 강하지만 유연하도록 만들었다.

그리고, 대러 그녀를 잊으면 안 된다. 이기고자 하는 의욕과 열망으로 가득 찬 이 아기엄마는 다른 멤버들을 열정에 휩싸이게 했다. 대러는 이 경기에 참여하게 된 동기를 '믿을 수 없을 정도로 강한 경쟁심'이라고 밝혔다. 그러나 그녀는 자기를 도와준 팀이 없이는 최상의 수준까지 성공적으로 끌어올릴 수 없었다는 것을 잘 안다. 그녀는 팀워크가 이상적인 결과를 낳는다는 사실을 체험했다.

Fly

05
열기구를 띄워라

결정은 머리로 내린다. 헌신은 가슴으로 한다.
그러므로 헌신이 결정보다 훨씬 더 깊이 있고 흔들림 없는 것이다.
- 니도 쿠베인

단단한
기초,
곤돌라

나는 인생을 어떤 사물에 비유해 생각해보는 것을 좋아한다. 예를 들어 열기구라면 어떨까. 열기구는 언뜻 보기에 인생이나 꿈과는 아무 상관도 없어 보인다. 하지만 이렇게 간단한 사물을 통해서도 배울 점을 찾을 수 있다. 열기구를 통해 인생을 유추해보려면 먼저 이것을 조각조각 내볼 필요가 있다. 앞으로 몇 장에 걸쳐서 우리는 어떻게 하면 열기구를 하늘에서 자유롭고 그리고 안전하게 날게 할 수 있을지 살펴볼 것이다.

열기구를 통해서 우리는 꿈을 실현하기 위해 무엇을 해야 하는지를 알 수 있다. 우리가 열기구를 통해서 배워야 할 첫 번째는 무엇일까?

제일 아래부터 시작해보자. 당신은 단단한 기초가 있어야 한다. 열기구에는 곤돌라gondola라고 하는 바구니가 있다. 곤돌라는 내용물을 옮기는 매우 중요한 역할을 한다. 얼마나 귀한 내용물인가? 바로 사람이다. 곤돌라를 통해서 알아야 하는 것은 기초이다.

곤돌라가 상징하는 것은 나와 나의 성격, 그리고 가정에서 나를 지지해주는 가족이다. 힘들 때 지원해주는 사람들이 없다면 우리는 꿈을 이루지 못한다. 물론 더 높이 오르려고 할 때 곤돌라가 낡았거나 썩어 있다면 추락하고 말 것이다.

나는 어떤 사람이 성품을 이렇게 묘사하는 것을 들었다. "성품이란 아무도 쳐다보고 있지 않거나 누구도 알지 못할 때 당신이 무엇을 하고 있느냐다." 음, 흥미롭다. 당신의 성품은 어떠한가? 이에

> 그 사람의 성품만이 그 사람을 판단할 수 있는 유일한 기준이다.
> – 엘리너 루스벨트

대한 대답은 당신만이 할 수 있지만 한번 이렇게 생각해보자. 만약 당신의 곤돌라가 값싼 재료들로 만들어졌다면 어떤 일이 일어날 것 같은가? 또는 당신이 곤돌라를 잘 관리하지 못한다면 그 이후에 무슨 일이 벌어질까? 벽이나 바닥에 작은 균열이 가기 시작할 것이다. 그러면 아마도 군데군데 물이 스밀 것이고 점점 썩을 것이다.

이런 곤돌라가 2천 미터 상공까지 올라간다면 어떤 일이 생기겠는가? 일어날 일은 뻔하다. 바닥이 깨지고 사고가 날 것이다. 우리의 인생도 마찬가지다. 우리가 인생을 어떻게 '사느냐'가 중요하다. 당신의 꿈이 이루어질 수 있는가 없는가의 여부는 곤돌라, 즉 여러분 인생의 기반 또는 기초가 얼마나 잘 관리되어 있느냐에 달려 있다.

당신은 어떤 종류의 사람인가?

좋은 재료로 자신의 기초와 인격을 만드는 것은 굉장히 중요하다. 꿈이 이루어지기 시작하면 그 기초가 우리를 지탱해주고 안정감 있게

지속시켜 준다.

그렇다면 기초를 만들기 위한 조건들은 무엇일까? 기초는 무엇으로 구성되어 있을까? 그것을 생각하기에 앞서 아래 질문에 먼저 대답해 보자.

- 당신은 신의가 있는 사람인가?
- 당신은 정직한가 아니면 거짓말쟁이인가?
- 당신은 말한 것을 지킬 수 있는가?
- 당신이 '예스'라고 한 것은 정말 '예스'이고 '노'라고 한 것은 정말 '노'인가?
- 당신의 마음과 말은 일치하고 있는가?
- 사람들이 당신에게 의지할 수 있는가?
- 당신은 사람들을 조정하거나 통제하려고 하는가?
- 당신은 어떤 종류의 사람인가?

fly 사소한 기회들이 때로는 커다란 일의 시작이 된다.
      - 데모스테네스

바람에 부서지지 않는
곤돌라를
만들어라

좋은 재료로 곤돌라를 짓는 것이 상당히 중요하다는 건 짐작되지만, 그것이 어떤 식으로 영향을 미치는 것일까? 때때로 우리는 스스로의 성격을 알기 위해 시험을 겪어봐야 한다. 나는 세계에서 두 번째로 험하다고 알려진 전설의 코코다 트랙에서 아이들을 이끌었을 때 나 자신을 시험받았다.

2003년 10월 3일자 신문에서 한 학교를 '전쟁 지역'이라고 이름 붙인 기사를 읽었다. 나는 한 학생으로 인해서 학교 전체가 그런 오명을 쓴다는 것이 불공평하다고 생각했다. 그래서 열정만 가지고 있는 사람처럼 굴었다. 아무런 생각 없이 행동해버린 것이다. 학교에 전화를 걸어서 그 기사에 반박할 수 있는 긍정적인 기사가 나가게 하자고 제안했다. 그리고 이렇게 말했다.

"학교에서 문제를 일으키는 열 명의 학생들을 데리고 진짜 전쟁 지역으로 가겠습니다. 나는 그 학생들을 코코다 트랙으로 데려가려고 합니다. 비용은 제가 대겠습니다."

여기서 꼭 덧붙여 말해야 할 것은, 코코다에 대한 내 사전지식은 나의 할아버지가 2차 세계대전에서 싸웠다는 것 외에는 없었다는 것이다. 할아버지는 형과 내가 어렸을 때 전쟁 이야기를 자주 들려주셨다. 나는 코코다에 가본 적도 없었고 할아버지를 제외하고는 그곳에 다녀왔다는 사람을 만나보지도 못했다. 어떻게 가야 하는지, 누가 안내해 줄 수 있는지도 몰랐다. 얼마나 많은 수고를 해야 하는지도 몰랐고, 그 지역 사람들의 문화와 그곳에 가기 위한 여행 보험료에 대해서도 알지 못했다. 아이들을 돌보아줄 팀이나 어떤 안전 수칙이 있어야 한다는 것도 몰랐다. 아는 것이 전혀 없었다. 전혀!

> 리더십은 평균보다 좀 더 나은 사람이 되기 위한 도전이다.
> - 짐 론

하지만 뒤로 물러앉아 있을 수는 없었다. 몇몇 학생들의 행동 때문에 언론매체가 그 학교 전체를 폄하하는 것은 옳지 않다고 생각했다. 그러나 분명 이 고등학교에 폭력이 난무했었다는 건 밝혀둬야 겠다. 나는 전화를 걸고 1주일 후에 그 학교를 처음 방문했다. 그런데 그때 행정실은 비밀 번호를 눌러야 들어갈 수 있었다. 학생들로부터 직원들의 안전을 지키기 위한 것이라고 했다. 또한 그날 나는 학생에게 공격을 당한 선생님도 보았는데 몸에 멍이 들고 피가 흐르고 있었다. 2층 교실에서는 폭동이 일어나고 있었다. 학생들이 선생님의 책상을 계단으로 던져버리고 창문을 깨고는 밖으로 계속 교실 의자를 집어 던졌다. 과격하다는 말은 오히려 그들을 과소평가하는 말이다.

당신이 손을 두 개 가지고 있는 이유는 한 개는 스스로를 돕고 다른

fly

나는 교무실에서 교장선생님과 다른 선생님들을 만났다. 그리고 다시 한 번 내 생각을 설명했다.

"긍정적인 기사가 나면 좋지 않겠습니까? 그렇게 할 수 있습니다. 저는 이 학교에서 가장 심각한 문제아 열 명을 데리고 진짜 전쟁터로 가겠습니다. 물론 경비는 제가 책임지고요."

선생님들은 열광했다. 그리고 질문을 던졌다. "정말 할 수 있겠습니까?" "확실한 거죠?" "안전할까요?" "우리가 해야 할 일은 뭐죠?" 그리고 몇 분은 이렇게 말했다. "학부모들이 전혀 지원하지 않을 거예요."

그때 나는 내가 무엇을 말하고 있는지는 알았지만 그걸 이루기 위해 어떤 대가를 치러야 하는지도 알았다면 아마도 그런 제안은 하지 않았을 것이다. 어떨 때는 모르는 게 약이다. 그러나 나는 이미 약속을 해버렸다. 나에게는 선택의 여지가 없었다. 반드시 해야만 했다.

때로는 평범한 능력을 지닌 사람들이 뛰어난 성과를 이루어내는데 그 이유는 그들이 언제 포기할지 모르기 때문이다. 성공하는 사람들의 대부분은 해내고 말겠다는 의지가 확고해 성공한다.

- 조지 E. 앨런

달성하기

학교에 약속을 했기 때문에 나는 그것을 지켜야 했다. 비록 코코다 지역이 지구상에서 두 번째로 힘든 코스라 해도 그저 걷기만 하면 되는 것 아닌가! 그러나 여행을 계획하고 자금을 모으고 방송에 내보내기 위해 사람들을 조직하고 모으는 것은 쉽지 않았다!

나는 트랙에 관해서는 두 말할 것 없이 세계 최고인 찰리 린을 찾아갔고, 우리를 인도해줄 것을 승낙받았다. 일단 팀을 정비하고 모든 것들을 한 데 모으기 시작했다. 곧 자금 문제에 봉착했다. 내가 다 책임지겠다고 말했기 때문이다. 결과만 간단히 말하자면 15만 달러를 모을 수 있었다. 이 금액이면 항공비, 숙박비, 가방, 음식, 보험, 옷 등을 포함해서 자잘한 것까지 모두 살 수 있었다.

> 한 번밖에 없는 인생이지만 남을 위해서 산다면 살 만한 가치가 있는 인생이다.
> – 알베르트 아인슈타인

나의 곤돌라를 만드는 데 기대와 부담감의 무게는 매우 컸다. 그건 정말 믿기지 않을 정도의 부담감이었다. 하지만 시작할 수 있었다. 내가 어느 정도 휘말렸는지 알았다면 손을 떼는 편이 훨씬 더 나았을 테지만 나는 신의가 있는 사람이다. 나는 계속 진행해야 했다. 약속을 번복하는 것은 선택 사항에 아예 들어 있지 않았다.

보람은 그런 희생보다 훨씬 컸다. 여행이 끝난 후 학생들은 선생님을 돕기 시작했다. 그 후 12개월 동안 폭력이 70%가량 감소했다. 우리의 그 여정은 TV에 방송되었는데 잡지나 라디오, 신문 등에서 보여준 긍정적인 반응은 정말 놀라웠다.

곤돌라를 유지하기

모든 영광은 대담함
에서 시작한다.
– 유진 F. 웨어

그 여행 후 나는 TV 시리즈를 제안받았다. 나는
내가 해냈다고 생각했다! 그러나 실은 이것으로
나는 완전히 끝장 나버렸다. 불행하게도 교만에 빠진 것이다. TV 시
리즈는 2006년 4월부터 방영됐고 2회밖에 나가지 않았는데 동시간대
가장 높은 시청률이 나왔다. 나는 거의 성공이 확실하다고 생각했다.
학교마다 나를 찾고 문 앞에서 북새통을 이룰 것이라 확신했다. TV
스타인 나를 섭외하여 학생들에게 강의를 해달라고 할 것이다….

한편 우리는 또 하나의 서사모아 극한 여행을 계획하고 있었다. 참
가자들은 문제가 많은 아홉 명의 젊은이들과 두 명의 교사, 그리고 한
명의 경찰관이었다. 우리는 마지막 방송이 나가는 날 출발했다. 그 여
행에서 돌아왔을 때는 그동안 경험했던 것보다 엄청나게 많은 이메일
초청장과 일감들이 기다리고 있을 거라 예상했다.

교만은 파멸의 선봉자
이고, 거만한 마음은
넘어짐의 앞잡이다.
– 구약 성서

땡! 돌아와서 세 달간 아무 일도 일어나지 않았
다. 일도 없고, 돈도 없고, 아무것도 없었다. 나는
겸손해져야 했고 나의 허영심을 잠재우고 내가 아
는 것에 최선을 다해야 했다. 나는 다시 기초로 돌
아가 열심히 일하고, 결코 포기하지 않고 나의 인품을 계속해서 다져

야 했다.

자신의 곤돌라가 얼마나 멋있는지에 열중해서는 안 된다. 단지 인생에서 불어닥칠 수 있는 압력에 견뎌낼 수 있게끔 만들어야 한다. 우리는 그 작업을 현실에 머물면서 겸손한 자세로 해야 한다. 그렇다, 성공은 즐겨라. 하지만 안주하지는 마라.

나는 내 삶에서 잘난 척이란 건 없을 줄 알았다. 그러나 나는 교만했고 그럼으로써 거의 모든 걸 잃어버릴 뻔했다. 음식 없이 살 수 있는 것도 한계가 있고 부부 간에 견뎌낼 수 있는 시련에도 한계가 있다. 그러나 중요한 것에 집중하다 보면 중요하지 않은 것들에 판단력이 흐려지는 일은 없다.

tip

· 단단한 기초가 없다면 재난이 기다리고 있을 뿐이다.

· 행동을 해야 결과가 나온다.

· 당신이 만드는 인생의 기초에 들어가는 재료들은 당신을 세워줄 수도 있고 파괴할 수도 있다. 선택은 당신의 몫이니 지혜롭게 행동하라.

· 자기 자신의 위치에 만족하지 마라. 겸손하게 낮추지 않으면 창피를 당하게 될 것이다.

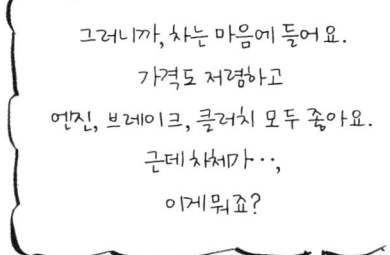

1997년 6월 30일 월요일. 세상은 경악했다. 스포츠계에서 가장 비겁하고 사이코 같은 사건이 신문과 TV를 통해 전국에 알려진 것이다. 우리의 스타 에반더 홀리필드Evander Holyfield가 헤비급 챔피언인 '핵주먹' 마이크 타이슨에게서 챔피언 자리를 지켜냈다. 그런데 그 경기가 역사상 찾아볼 수 없는 터무니없는 경기였던 것이다.

이미 홀리필드는 타이슨을 이긴 경험이 있고 이번 시합에서도 타이슨이 즐겨 사용하는 무기인 '위협'이 그에게는 통하지 않았다. 11라운드에서 '진짜 사나이real deal' 에반더 홀리필드는 '핵주먹' 타이슨을 완전히 녹다운시켰다.

6월 30일 그날 홀리필드는 1라운드에서 우세한 싸움을 벌이고 있었다. 달아나지도 않았고 물러서지도 않았다. 타이슨은 멈출 기미가 없는 챔피언에게 전력을 다했지만 계속 밀리기만 할 뿐이었다. 3라운드에서는 홀리필드의 집중력과 대담함이 타이슨보다 뛰어남이 확실히 드러났다.

타이슨은 3라운드를 마우스피스 없이 시작하려 하다가 착용하라는 명령을 받았다. 그는 마일스 레인 심판의 명령에 따랐지만 경기 중에 재빨리 뱉어버렸다. 그리고 홀리필드의 오른쪽 귀를 덥석 물어버린 것이다! 홀리필드의 오른쪽 귀가 잘린 것을 본 심판이 경고했다. 하지만 경기가 다시 시작되자 타이슨은 이번에는 홀리필드의 다른 쪽 귀를 물어버렸다. 홀리필드는 너무 크게 다쳐서 병원에 가서 수술을 받아야 했다.

1986년에 스물한 살의 나이로 최연소 헤비급 챔피언이 되었던 타이슨은 1990년 '파괴자' 제임스 더글러스의 주먹에 의해 첫 번째 패배의 고배를 마시게 된다. 이 일로 인해 그가 어떤 재료로 만들어졌는지 세상이 알게 되었다. 마이크 타이슨은 세계적인 재능을 가지고 있지만 성품은 그렇지 못했던 것이다.

재능은 당신을 최고가 되게 할 수 있지만 성품만이 그것을 유지시킬 수 있다. 홀리필드는 스포츠계의 아이콘으로 떠올랐고 관대한 행동과 지역사회에의 참여와 긍정적인 생활 방식으로 인해 링 안에서나 밖에서나 진정한 챔피언이 되었다.

에반더 홀리필드의 꿈은 세계 헤비급 챔피언 타이틀을 다섯 번 따는 것이다. 세계 최초로. 그는 이미 네 개의 타이틀을 따냄으로써 무하마드 알리의 기록을 깼다. 홀리필드의 곤돌라는 역경 속에서도 튼튼했고 경기에서나 인생에서나 그를 우승자로 만들었다. 반대로 타이슨은 셀 수 없는 규칙 위반을 저질렀다. 예를 들면 음주운전, 도로 질주, 마약 소지 혐의, 폭행과 성폭행이다. 이것으로 그는 3년 동안 감옥살이를 했다. 더구나 거듭된 이혼으로 그의 재능으로 벌어들인 돈을 위자료로 써야 했다. '핵주먹' 마이크 타이슨의 성품은 확실히 핵처럼 단단하지는 않은 것 같다.

만약 사람들의 곤돌라가 꿈을 이룰 만큼 튼튼하지 않다면 그것은 얼마나 슬픈 일인가! 그러나 마이크 타이슨도 여전히 배워가는 중이다. 나는 진심으로 그가 챔피언에 걸맞은 성품으로 그의 곤돌라를 만들고 유지하길 바란다. 전설적인 승리자 에반더 홀리필드가 자신을 '진정한 사나이'로 증명했던 것처럼 말이다.

Fly

06
풍선에 공기를 가득 담아라

현재의 나는 내 생각의 소산이다.
- 부처

꿈이란
무엇인가?

열기구에서 곤돌라는 우리의 기초를 의미한다고 했다. 단단한 기초는 우리가 성품을 어떻게 가꾸고 삶을 어떻게 사느냐에 달렸다. 다음으로 열기구의 중요한 요소는 캐노피canopy다.

캐노피는 공기를 가두어서 기구가 뜰 수 있게 하는 풍선 같은 부분이다. 그럼 캐노피가 상징하는 것은 무엇일까? 바로 우리의 꿈이다. 캐노피는 강하고 견고해야 한다. 낡거나 구멍이 나 있으면 안 된다. 당신은 꿈이 있는가? 그 꿈에 구멍이 나 있지는 않은가? 어떤 재정적인 지원이 있어야 당신이 꿈을 이룰 수 있는지 질문을 해보자. 그러면 그곳에 구멍이 나 있는지 곧 판명이 날 것이다.

하여간, 당신은 꿈이 무엇인가? 사전에서는 꿈을 열망 또는 갈망하거나 희망하는 어떤 것이라고 정의한다. 당신은 '열망'하고 있는가? 당신이 성취하기를 '희망'하는 것은 무엇인가? 기억하라! 이 책은 당신이 원하는 최고의 사람이 되도록 돕기 위해 쓰였다.

> 꿈은 순수한 생각이고 당신 자신을 발견할 수 있는 기회이다.
> - 조 브라운

내가 열대여섯 살 때 나는 꿈을 정확하게 표현할 수 없었다. 아마도 스무 살 전까지는 분명한 꿈을 몰랐던 것 같다.

꿈은 어떻게 알 수 있을까? 한 단계 뒤로 가보자. 자신이 열정을 다하고 있는 것이 무엇인지 생각해보라. 그것을 찾아낼 수 있으면 꿈은 자연히 깨닫게 된다. 지금 당장, 몇 분의 시간을 내어 당신이 무엇에 열정을 바치고 있는지 생각해보기 바란다.

어떤 것에 열정을 쏟는 것과 꿈은 다른 걸까? 확실히 그 둘은 다르다. 나의 경우를 보면, 열정은 젊은이들에게 향해 있다. 그들의 가능성과 기회에 대하여 대화를 나누고 싶고, 그들이 주변 사람들에게 자기의 꿈이 어떻게 이루어졌는지 이야기하며 격려하는 걸 보고 싶다. 그런데 나의 꿈은 지구상에서 가장 훌륭한 커뮤니케이터가 되는 것이다.

다른 예를 들어보자. 나는 나의 아내와 아이들에게 매우 열정적이다. 나는 그들을 끝없이 사랑한다. 그리고 가족에 대한 나의 꿈은, 그들이 무엇이든지 부족하지 않게 채워주는 것이다. 그리고 그들이 인생에서 무엇을 하기로 결정하든 최고가 되는 걸 보는 것이다.

열정과 꿈에는 이런 차이가 있다. 열정은 막연하고 분별력이 없으며 단지 동기 부여만을 해주는 반면 꿈은 하고 싶거나 가지길 원하는 '어떤 것'에 대한 실제적인 목표다. 다시 말해 꿈은 열정의 결과물이다.

그러면 꿈은 어디서 생길까? 현재에는 존재하지 않지만 미래에는 현실이 될 것이라고 생각하는 믿음은 어디에서 오는 걸까? 나는 꿈이 우리가 경험했던 것에서부터 생긴다고 믿는다. 목격했던 사건, 들었던 이야기, 시청했던 TV 프로그램, 들었던 음악…. 이런 경험 모두가 우리의 상상력에 영향을 미치고 그의 결과로 꿈이 자라게 된 것이다.

상상想像이 다다. 상상은 인생이란 본영화의 예고편인 것이다.

– 알베르트 아인슈타인

꿈을
포기하기는
너무 쉽다

    우리는 어떤 행동을 하거나 무엇을 소유하길 꿈꾼다. 왜냐하면 인간
의 본성은 더 위대한 것을 찾고 더 긍정적이길 원하며 무엇을 성취하
고자 하기 때문이다. 꿈은 우리에게 더 위대한 사람이 될 수 있도록 영
감을 준다.

    그러나 꿈을 달성하고자 하지 않는다면 그것은 그저 꿈일 뿐이다.
분홍앵무새를 기억하는가? 꿈을 계속하여 추구하지 않고 포기해버리
거나, 사람들 사이에 안주하거나, 혹은 '대가 없는 평화'를 추구하는
것은 너무도 쉬운 일이다.

fly   미래는 꿈의 아름다움을 믿는 사람들의 것이다.
       - 엘리너 루스벨트

내 안에
좋은 것을
담아라

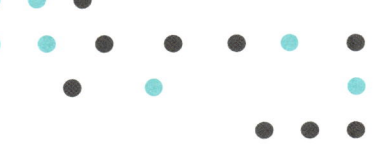

우리로 하여금 꿈을 꾸게 하거나 그것을 막는 가장 중요한 요소는 우리의 자존감이다. 즉 자기 스스로를 얼마나 가치 있게 만드느냐는 것이다. 만약 자신이 스스로 경력이 화려하다고 생각한다면 좋은 직장을 구할 수 있다고 믿을 것이다. 만약 자신의 노력이 쓸모없는 것이라고 생각한다면 높은 자리까지 올라가는 것은 극히 어려울 것이다. 긍정적이거나 부정적인 자존감은 우리의 꿈에 엄청난 영향을 미친다.

> 당신이 꿈을 이루지 못하게 하는 유일한 사람은 바로 당신이다.
> - 톰 브래들리

잠언에서는 "무릇 그의 마음의 생각이 그러하면 그의 사람됨도 그러하다."라고 했다. 자기에게 좋은 일이 일어날 만한 가치가 없다고 생각한다면 그렇게 되지 않도록 자기 자신이 막고 있는 것이다. 그만한 가치가 없다고 생각하기 때문에 놀라운 일이 일어나는 꿈도 꾸지 않는다.

이와 반대로 좋은 일이 일어날 거라고 당연히 믿으면 정말 좋은 일이 일어난다. 자기 자신을 믿는 선수는 결국 싸움에서 이기고 트로피를 받고 금메달을 딴다. 이런 과정을 시각화라고 부르는데 운동선수 들은 늘 사용해온 방법이다.

시각화는 꿈이 현실화되는 방법이다. 마음에 있 는 것을 믿기 시작하면서 현재를 보다가 마침내는 꿈을 실현시키는 것이다. 늘 돈 생각만 하는 사람 이라면 그 누가 가난함을 면하지 못할 것인가. 자

> 당신은 당신의 꿈을 좋아야 한다.
> - 어빈 '매직' 존슨

신이 늘 속는다고 생각한다면 다음번에 가장 먼저 속을 사람이 누구 라고 생각하는가? 만약 우리가 계속 스스로 가치가 없고, 쓸모없고, 좋은 것이라고는 찾아볼 수도 없다고 믿는다면 스스로를 그렇게 대접 하게 되어 있다. 내가 나 스스로를 어떻게 취급해버리는지를 사람들 에게 보여준다는 것은 무의식적으로 그 사람이 나를 그렇게 취급해도 된다는 허락을 하는 것과 마찬가지 일이다.

fly 당신의 꿈을 향해 자신 있게 걸어가며 그동안 상상하던 삶을 살라. 우 리의 삶을 단순화시켜 나가다 보면 우주의 법칙들도 단순해질 것이다. - 헨리 데이비드 소로

만약 당신이 계속해서 부정적인 생각만 한다면 당신은 세계 규모의 쓰레기장 외에는 아무것도 아니다. 쓰레기가 들고 나는 쓰레기장! 하 지만 고귀하고 보탬이 되는 긍정적인 사고는 당신에게 즐거움과 위로 와 마음의 평화를 가져다준다. 이게 바로 당신을 날게 할 수 있는 것들

이다.

　쓰레기가 왔다 갔다 하는 쓰레기장의 비극적인 결과의 한 예가 1999년 4월에 미국에서 일어났던 콜롬바인 고등학교 학살 사건이다. 두 학생이 그들이 다니는 고등학교에서 열두 명의 학생들과 한 명의 선생님을 죽이고 스물네 명의 부상자를 낸 후 자살을 했다. 경찰의 조사에 따르면 그 두 학생의 이름은 에릭 해리스와 딜런 클리볼드였고 이들은 폭력물에 집착했다고 한다. 그들은 항상 살인 사건을 다룬 영화를 봤다. 미국의 한 보고서는 TV 폭력물이 어린아이들에게 미치는 영향을 조사하였는데 그들은 성장하면서 비슷한 수준의 폭력을 재연하는 횟수가 많아졌다고 한다. 에릭 해리스와 딜런 클리볼드는 스스로에 대한 생각이 삶으로 나타난다는 것을 안타깝지만 분명하게 보여주었다.

품고,
믿고,
성취하라

마음속에 어떤 것을 품고 그것을 믿기 시작하면 삶에서 이루지기 시작한다. 품고 – 믿고 – 성취하기. 꿈을 실현하기 위한 또 다른 방법은 그것을 형상화하고 그리고 적어보는 것이다. 구약 성서에는 "이 환상을 기록하여 판에 명백히 새기되 달려가면서도 읽을 수 있게 하라."라는 말이 있다. 나는 여기서 특히 '달려가면서도'라는 부분을 좋아한다. 그것은 이 환상을 읽는 사람들은 환상을 받고 그것을 얻기 위해 뛸 것이라는 뜻이다. 이것이 바로 꿈을 적었을 때 일어나는 일이다.

당신은 점차 그것이 일어나게 해야 한다는 책임을 느낄 것이다. 기록으로 남김으로써 스스로 헌신을 하였기 때문에 어려운 일이 생길 때마다 처음으로 돌아가 그 열정을 다시 불러일으킨다.

fly

꿈꿀 수 있다면 그것을 이룰 수도 있는 것이니. 항상 명심해야 하는 것은 이 모든 것은 입에서부터 시작한다는 것이다.

– 월트 디즈니

꿈의
가격표

꿈에는 종종 가격표가 붙어 있다. 만약 꿈을 이루는 것이 그렇게 쉽다면 모두 이룰 것이다. 꿈을 이루기 위해서는 어떤 것이 필요하다. 바로 당신이 가진 모든 것! 그것은 희생과 헌신, 전념, 그리고 당신 주위에서 긍정적으로 말해주고 지원해주는 그룹이다.

반대로 생각하면 이 외에는 필요하지 않다는 것이다. 꿈에 붙어 있는 각각의 가격표는 꿈에 따라 다르다. 어떤 꿈은 지나치게 감정의 소모가 필요하지만 돈은 많이 들지 않는다. 어떤 꿈은 돈이 많이 필요하지만 감정적으로는 그렇지 않다.

어떤 꿈은 지나치게 많은 시간을 필요로 한다. 예를 들어 뉴사우스웨일스 주에서 권투 챔피언이 되고자 하는 나의 꿈이 그랬다. 비록 등록비로 32달러와 한 달에 체육관 사용료 12달러, 그리고 교통비밖에 안 들었지만 나는 7년 동안 매일 하루에 두 번씩 훈련해야 했다. 이 꿈에도 나를 도와주는 코치와 훈련 파트너를 비롯하여 아내와 아이들의 지원이 있었다. 내가 가장 많이 써야 했던 것은 시간이었다. 그리고 훈련이 필요했고, 경기에서 이기기 위해서 꼭 필요한 예비 시합들이 감정을 소모시켰다. 그러나 결국 나는 해냈다. 그리하여 내가 소비한 것들은 충분한 가치를 발휘하게 되었다.

그러니 우리는 지혜로워져야 한다. 당신은 꿈에 얼마만큼의 가치를 부여하는가? 모든 꿈은 성취가 가능하다. 그러나 그 대가를 지불할 수 있는지를 먼저 헤아려봐야 한다. 꿈의 결과를 이성적으로 따져보고 당신의 꿈이 그런 대가를 치를 가치가 있는지 결정해야 한다. 그렇게 헤아려봐서 가치가 있다고 생각되면 그다음에는 꿈에 전념한다. 결국 성취할 만한 가치가 있는 꿈은 대가가 따르기 마련이다.

꿈은 미래의 현실이다

20세기를 변화시킨 인물 중 하나인 헨리 포드는 어느 날 아침 생산 간부진, 고위 기술자들과 회의를 열었다. 그가 사람들에게 이야기한 꿈의 엔진은 불가능해 보였다. 아무도 그렇게 거친 엔진은 본 적이 없었기 때문이다. 자동차 엔진에 열정을 가진 헨리 포드는 자신의 이름을 딴 자동차에 V8엔진을 장착하는 것이 꿈이었다.

헨리는 정기적으로 간부들을 만나서 "여러분, 나의 엔진은 어디에 있지요?" 하고 물었다. 그때마다 간부들은 "그건 불가능해요."라고 답했다. 포드의 반응은 단호했고 확신에 차 있었다. "할 수 있다고 생각하는 것과 할 수 없다고 생각하는 것 둘 다 맞습니다!" 그리고 그는 방을 나갔다. 14년 후, 세계 최초로 대량 생산되는 V8엔진이 포드에서 나왔다.

나는 진실로 꿈이란 실현되는 것이라고 믿는다. 쥘 베른은 누군가가 잠수함을 만들기 전에 그것을 꿈꿨다. 레오나르도 다 빈치는 라이트 형제가 처음으로 비행기를 만들기 몇 세기 전에 비행 물체를 디자인했다. 마틴 루서 킹은 모든 아프리카계 미국인들이 동등한 시민권을 가질 것을 꿈꿨다. 존 F. 케네디는 사람이 달에 갈 수 있다고 믿었다. 얼마나 많은 사람들이 꿈을 꾸고 있는가?

꿈 대신 후회가 자리를 차지하는 순간 인간은 늙기 시작한다.
– 존 배리모어

역사 속에서는 많은 일들이 일어났다. 그건 누군가는 꿈을 꾸고 있었기에 가능했다. 만약 우리가 꿈을 달성할 수 있는 능력이 없다면 어째서 꿈을 꾸는 능력은 있는 것일까? 우리는 창조적인 존재다. 나는 시드니의 하늘을 보고 놀랐다. 철도 시스템과, 수로 시스템을 보았고 이 모든 것이 200년 전에 지어진 것에 놀랐다. 그들은 세계에서 가장 아름다운 도시 중 하나를 창조한 것이다. 전기 통신 시스템만 봐도 우리는 아직 멀었다!

30년 전 한 만화 작가는 그의 캐릭터인 딕 트레이시에게 전화 기능을 가진 손목시계를 차게 했다. 오늘날에는 정말 통화가 되는 손목시계가 있고 조만간 더한 것도 나올 것이다. 우리는 꿈꾼다. 왜냐하면 꿈을 꾸고 그것을 달성시킬 수 있는 잠재력이 있기 때문이다.

tip

· 당신의 꿈은 당신의 인생 여정을 인도할 것이다.

· 꿈은 우리 내면에 깊게 자리 잡은 열정과 갈망에서 나온다.

· 생각하는 방식과 자신을 바라보는 방식이 꿈에 영향을 준다. 꿈을 이루기 위해서는 긍정적으로 생각하고 스스로를 믿어야 한다.

· 꿈을 이루는 것에는 대가가 필요하지만 성취될 가치가 있는 꿈은 대가를 지불할 가치도 있는 것이다.

· 자신의 꿈에 가치를 부여하고 그것에 돌진하라. 우리 안에는 그 꿈을 이룰 잠재력이 있다.

그 부정적인 반응은 뭐야?
사람이 꿈도 못 꾸냐?
우리야 언제나 널 믿지.
그렇지만
미스 유니버스는 좀 그렇잖아...
HAHAHA!!
HEE HEE HEE
HA HA
Hoo Hoo Hoo

제니퍼 캐프리어티Jennifer Capriati는 1976년 미국 뉴욕에서 태어났는데 이탈리아에서 이민 온 가정이었다. 그녀는 1990년, 열세 살의 어린 나이에 테니스 프로로 데뷔 무대를 가졌다. 그녀는 시합에서 정말 좋은 성적을 거둬서 데뷔하자마자 곧 세계 여자 테니스 투어에서 순위에 올랐다. 윔블던에서는 역사상 가장 나이가 어린 선수였고 열다섯이 되기 네 달 전에는 열 명의 최고 선수에 들기도 했다. 1992년, 그녀는 올림픽에서 금메달을 획득했으며 윔블던에서 가장 나이 어린 선수로서 준결승까지 오르고 캐나다 오픈에서 승리하였다. 그녀는 그 후로 100만 불 이상을 벌었다(그녀는 정확히 캐나다 경기에서 250만 불을 벌었다).

하지만 10대 스타라는 압박감과 천재적인 어린 선수라는 부담감이 결국 이 놀라운 재능을 가진 어린 선수를 무너뜨리고 말았다. 1993년에 제니퍼는 잠시 테니스를 그만두겠다고 발표했다. 이유는 더 이상 테니스가 재미있지 않다는 거였다. 그리고 다음 해에 제니퍼는 마이애미 쇼핑몰에서 22달러짜리 반지를 훔치다가 체포되었다. 2만 2천

달러짜리도 아니고 2천 2백 달러 반지도 아니었다. 고작 22달러짜리 반지인 것이다.

점차 악화되어서 1994년에 다시 한 번 체포되었는데 이번에는 마리화나 소지 혐의였다. 그녀가 경찰서에서 찍은 용의자 사진은 한때 세계적인 10대 테니스 스타였던 그녀에게 꼬리표처럼 따라다닐 것이다.

1996년에 제니퍼는 세계 여자 테니스 투어에 참여하기로 결심한다. 그것은 천천히 진행되고 고된 일이었지만 2001년에 이르러 이 요정은 다시 경기장에 설 수 있었다. 제니퍼 캐프리어티는 호주 테니스 오픈에서 승리하고 세계 챔피언인 마르티나 힝기스에게 승리를 거둠으로써 자신의 잠재력을 깨달았다.

그녀는 고작 스물넷이었다. 제니퍼는 다음 해에 프랑스 오픈에서 승리를 거뒀다. 그녀는 2002년에 멜버른에 돌아와서 호주 오픈에서 방어전을 펼쳐 마르티나 힝기스를 다시 한 번 패배시킨다. 2001년 호주 오픈에서 승리한 이후 제니퍼 캐프리어티는 〈더 선 헤럴드〉지에 이렇게 말했다.

"나에게 그렇게 많은 일이 일어나고 난 후에 내가 다시 승리할 수 있을 것이라고 그 누가 상상이나 했겠어요? 그러나 당신도 스스로를 믿으면 어떤 일이라도 할 수 있습니다. 꿈이 현실이 되는 것을 보여주는 것입니다."

Fly

07
꿈과 현실을
딘딘한 줄로 묶어라

모든 의도와 갈망에는 그것이 성취되게 하는 역학이 내재한다. 의도와 갈망은
무한한 힘을 지닌다. 그리고 순수한 잠재력이라는 비옥한 땅에 하나의 의지를
심을 때, 이 무한한 힘이 우리 안에서 타오를 수 있게 된다.
– 디팩 초브라

연관된
일을
해야 한다

이 장에서는 간단하면서도 솔직하게 어떤 메시지를 전할 것이다. 당신의 꿈은 당신의 삶과 관계가 있어야 한다. 만약 열기구의 캐노피가 곤돌라에 연결되어 있지 않다면 땅에서 들어 올려질 수가 없다. 당신이 아름다운 캐노피(꿈)와 튼튼한 곤돌라(당신의 성품)를 가지고 있지만 서로 연결이 되어 있지 않다면 차라리 크기가 좀 큰 피크닉 바구니와 담요를 가지고 있다고 생각하는 편이 날 것이다(둘 다 날 수가 없다!).

꿈이 이루어지길 원한다면 그 일이 일어나는 것이 가능하도록 해야 한다. 만약 당신의 꿈이 우주 비행사가 되는 것이라면, 하지만 현재 당신은 우주 비행과는 전혀 관계없는 삶을 살고 있다면 우주와 천체 물리학과 그리고 기타 등등 그것과 연관되어 있는 것에 대하여 공부하라. 그런 후에야 당신의 꿈이 날 수 있을 것이다. 당신의 삶은 당신이 원하는 것과 확실하게 연관되게 만들어야 한다.

예를 들어 나는 역사상 가장 위대한 젊은이들을 위한 커뮤니케이터가 되는 것이 꿈이었다. 젊은이들이 가지고 있는 문제에 관심이 많았기 때문이다. 그렇다면 나는 매일을 어떻게 살아야 할까? 나는 젊은이들과 대화를 하고 같이 다니기도 한다. 나는 그들의 세계와 그들의 필요에 관심을 기울인다. 성공하기 위해서는 이처럼 삶과 꿈을 하나로 엮어야 한다.

fly

당신의 마음이 옳다고 시키는 것을 하십시오. 어떻든 비판하는 사람은 항상 있으니까요. 하든 하지 않든 반드시 비난이 따르게 되어 있습니다.

– 엘리너 루스벨트

에너지를
하나로
응축하라

기초와 꿈이 왜 꼭 연결되어야 하는지를 이해해야 한다. 꿈과는 다른 방향으로 산다면 에너지가 나뉘어버린다. 열망은 이쪽으로 향할 것이고 행동은 다른 쪽으로 향해 결국에 당신은 스트레스와 분노, 씁쓸한 마음과 화를 품게 될 것이다. 그것은 무관심과 게으름과 부정적이고 비판적인 태도로 나타나 당신을 그저 한 명의 신경질쟁이로 만들 것이다!

그것은 매일의 삶 속에서 이루어져야 한다. 당신은 모든 생각과 의도 그리고 행동을 꿈을 달성하는 데 집중하여 에너지가 낭비되게 하지 말아야 한다.

기구와 바구니를 연결하는 것의 힘 또한 정말로 중요하다. 당신이 열기구를 타고 있다고 생각해보자. 하늘 높이 날고 있는데 갑자기 바구니와 기구를 연결한 줄이 튼튼한 밧줄이 아닌 그저 얇은 실이란 걸 알게 됐다. 이건 너무나 안심이 되는 상황은 아니지 않을까?

이와 비슷하다. 당신의 삶과 꿈이 견고하고 질기게 연결돼야 한다. 그렇지 않으면 추락하고 말 테니까. 소망과 열정을 가지고 있다는 것

은 좋은 거지만 열정을, 꿈을 실현시키기 위하여 '실제적인 행동'이
라는 연결고리로 삶에 묶어놓지 않는다면 한낱 소망에 머물 뿐이다.

한 번에
한 걸음씩

꿈을 꾸고 그것을 크게 키우는 것도 좋지만 꿈이 현실이 되게 하는 방법은 확실히 해야 한다. 만약 당신이 전에는 감히 꿈을 꾸지 못했는데 이제 어떤 것을 꿀 수 있게 되었다면 한 번에 한 단계씩 성취해나가기 바란다. 처음 시도인데 대서양을 건널 만큼의 열기구를 만들지는 말 것을 당부하고 싶다. 쉽게 비행할 수 있을 만한 것을 만들어야 한다. 각 단계의 꿈이 실현될 때마다 더 큰 꿈을 꿀 수 있게 된다.

> 탄소가 철을 만드는 것처럼 인내는 사람의 성품을 연단한다.
> – 나폴레온 힐

만약 당신이 처음으로 시도하는데 너무 일을 크게 벌인다면 일의 과중함으로 거기에 눌려버리고 만다. 능력 이상의 것을 하고자 하면 끝까지 갈 수가 없다. 또 준비되어 있지 않다면 그 일로 인해 낙심하고 상처를 받게 된다. 그렇게 되면 더 이상 어떤 것도 해보고 싶지 않아질 수도 있다. 쓸데없는 상처로 목표를 이루고자 하는 희망마저 사라지게 하지 마라. 이 모든 것은 너무 빨리, 너무 어려운 것을 하려 했기 때문에 일어나는 것이다.

실행에 옮기기

희생을 하기 전에
마음을 먹는 것이
과정의 일부다.
- 리처드 M. 디버스

무엇인가 새롭고 어려운 것을 성취하기를 원할 때는 나의 생활도 바꿔야 한다. 이건 그리 심오한 진리는 아니다. 하지만 사람들은 자신의 목표를 달성하기 위해서는 매일의 삶을 바꾸는 것이 필요하다는 사실을 잘 알지 못한다. 새로운 것을 하길 원한다면 새로워져야 한다! 그러기 위해서는 훈련이 필요하다.

이제는 잠자는 패턴도 바꿀 필요가 있다. 아침에 일찍 일어나서 운동을 하러 가야 하기 때문이다. 그렇게 하면 초저녁에 피곤을 느껴서 잠자리에 빨리 들게 될 것이다. 간혹 우리는 분명히 해야 할 것을 가장 늦게 알아챌 때가 있다.

당신이 평범한 일을
비범한 방법으로 해
낼 때 세상은 당신을
주목하게 될 것이다.
- 조지 워싱턴 카버

우리는 또 계획을 세워야 한다. 아버지는 언젠가 나에게 "준비하지 않는 것은 실패를 준비하는 것이다."라는 벤저민 프랭클린의 말을 들려주셨다.

준비하지 않는 것은 실패를 준비하는 것이다. 정말 맞는 말이다. 준비 없이 운동장에 나가는 선수는 상대편의 계획에 따라 게임을 한다. 상대방이 규칙을 정하고 그는 항상 뒤로 한 발짝 물러나서 따라잡으려고 하기 때문이다.

계획을 세울 때 가장 좋은 방법은, 이루고 싶은 것이 무엇인지 분명하게 적어보는 것이다. 그다음 단계는 그 꿈을 달성하기 위하여 내가

있을 곳이 어디인지 적는 것이다. 그런 후 목표를 이루기 위해서 해야
할 일을 적는다. 내가 바쳐야 하는 것들, 예를 들어 돈, 시간, 에너지,
훈련 그리고 교육 등을 적어보는 것이다. 그리고 이것을 내가 지금 있
는 곳에서부터 가고 싶은 곳까지, 일어날 수 있는 순서대로 배열한다.

꿈이 크다면 몇 년 후에나 이룰 수 있을 것이다. 그러나 이런 작업들
은 궁극적으로 꿈을 향해 달려가는 인생에 중요한 이정표 역할을 한
다. 작은 목표는 꿈을 더 쉽게 느껴지게 한다. 목표를 하나하나 이루어
갈 때마다 자신감이 커져 더 큰 최종 목표를 이룰 수 있게 된다. 그리
고 마침내 궁극적인 목표를 이루었을 때 승리와 성공과 고된 훈련이
자기 인생의 틀이 된다. 자신감은 더욱 커지고 좀 더 진취적인 꿈이 실
현 가능해진다.

tip

· 꿈은 환경과 연결되어야 한다. 그렇지 않으면 삶 속에서 꿈을 이룰 수 없다.

· 생각과 행동이 함께 움직일 수 있도록, 환경과 꿈이 튼튼한 줄로 연결되었는지 확인하라.

· 당신의 능력과 소망에 따라 꿈을 꾸라. 다른 사람의 꿈을 이루려고도 하지 말고 그것을 위해 살지도 말라. 물론 스스로를 잡아 늘릴 필요는 있지만 파괴하지는 말라.

· 새로운 것을 하기 위해서는 새로운 것을 해야 한다. 긍정적인 변화는 긍정적인 변화를 가져온다.

· 계획하지 않아서 실패를 계획하는 어리석음을 범하지 말라. 목표를 가지고 계획을 짠 후 그에 정진하라.

언론에서는 리처드 브랜슨Richard Branson을 화려한 영국의 기업가이 자 억만장자이며 새로운 사업에 목마른 남자라고 말한다. 나는 그가 이런 수식어 이상의 사람이라고 생각한다. 그는 일을 만들고 그것을 재미있게 하는 데 온 열정을 쏟아 붓는 것 같다. 그의 버진Virgin 상표 를 쓰는 모든 회사들은 그의 놀라운 열정에 영향을 받는 듯 보인다.

그의 표현을 빌자면 그의 가족은 서로를 위해 죽을 수도 있을 만큼 사랑했지만 너무 가난했다고 한다. 그는 열여섯 살에 학생 잡지를 발 간했고 그 후 우편 주문 레코드 회사를 시작했다. 그것이 현재 그 유명 한 버진 왕국의 전신이다. 20년이 지난 1992년에 EMI가 버진레코드 를 10억 불에 매입했다. 리처드의 성공은 열기구에서 기록적인 도전 을 한 것에서부터 시작하여 통신회사와 항공업의 성장까지, 셀 수 없 을 정도다. 그는 그가 믿는 대로 삶을 꾸려가는 사람이다. 또한 철두철 미하게 현실적인 사람이다. 전혀 교만하지 않은, 너무나 사귀고 싶고 호감이 가는 인물이다.

나는 호주에 있는 버진그룹에서 금융업인 버진 머니Virgin money를 시

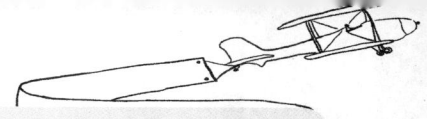

작할 때 그를 만날 수 있는 행운을 얻었다. 그 후 그는 계속하여 〈로브 라이브Rove Live〉라는 버라이어티 쇼에 출연했다. 그를 만났을 때 내가 도울 것은 없었다. 이 사람의 꿈이 완전히 삶과 연결되어 있다는 것을 알 수 있었다. 그는 이런 말을 나에게 들려주었다.

"가끔 아침에 깨어나 너무나도 놀라운 꿈을 꿨다고 느낍니다. 나는 나의 인생을 꿈꾼 것입니다."

리처드는 항상 세상에 긍정적인 영향을 미칠 수 있는 방법을 찾는다. 그는 몇몇 기업이 시장을 잠식해 소비자를 우롱하는 그런 시장에 위험을 무릅쓰고 진출한다. 리처드 브랜슨은 계획과 꿈 그리고 생활의 변화로 목적을 이룰 수 있다는 것을 보여주는 완벽한 예다.

Fly
08
연료 탱크를 가득 채워라

우리 뒤에 무엇이 놓여 있고, 우리 앞에 무엇이 놓여 있는지는
우리 안에 무엇이 있는가에 비하면 작은 문제다.
- 랠프 월도 에머슨

열정에
불을
붙여라

열기구를 비상하게 하기 위해서는 연료가 필요하다. 우리는 캐노피에 단단히 달려 있는 튼튼한 곤돌라를 가지고 있다. 자, 이제 곤돌라를 하늘로 날아오르게 하기 위해 마지막으로 필요한 것은 무엇일까? 물론, 그건 연료다! 열기구를 하늘에 띄울 생각이 없다면 애초에 만들지도 않았을 것이다. 그러나 일단 만들었다. 그렇다면 하늘로 띄울 때는 연료가 필요하다.

그러면 어디서 연료를 구해야 할까? 연료란 우리 꿈의 저변에 있는 동기, 즉 열정이다. 열정은 꿈을 성취시키는 연료가 된다. 열정은 꿈을 꾸는 처음부터 꼭 필요한 요소로서 이제는 그것을 필요한 자리에 놓고 불을 붙여야 할 때다!

열정적인 삶을 살기 위해서는 진정한 열정이 무엇인지 이해해야만 한다. 열정은, 매쿼리Macquarie 사전에서는 "어떤 것을 강하거나 지나치게 애착하거나 열광하거나 또는 열망하는 것"이라고 정의한다. 또 웹스터Webster 사전에서는 "믿음이나 행동에 대하여 비이성적이지만 억제할 수 없는 동기"라고 정의한다.

나는 열정을, 당신 안에 있는 무엇이라고 정확히 표현할 수는 없지만 느낄 수는 있는 것이라고 말하고 싶다. 열정은 당신이 느낄 수는 있지만 명확하게 표현하기는 힘들다. 열정은 당신의 목표를 달성시키고 그래서 꿈이 실현되도록 하는 어떤 것이다.

연료가 없는 열기구는 보기에는 다른 열기구와 아무런 차이가 없고, 심지어는 튼튼한 구조물처럼 보일 수도 있지만 아무 데도 쓸모가 없다. 점화되고 나서야 그 연료에 따라 얼마나 높이 올라갈 수 있는지가 결정된다. 우리 꿈이 실현되게 하기 위한 연료는, 앞서 말했듯이 열정이다. 열정은 이륙하고 고도를 유지할 수 있게 하는 에너지다. 달리 말하자면 우리의 꿈은 우리의 열정이 어디로 향하고 있느냐에 달려 있다.

절실함이 없는 열망은 머지않아 그 가치를 상실하게 된다.
fly
    - 짐 론

열정을
행동에
옮겨라

열정에 관한 정의 중에 이런 것도 있다. '믿음이나 행동에 대하여 비이성적이지만 억제할 수 없는 동기'. '억제할 수 없는', 이것이 바로 열정이다. 많은 사람들이, 심지어 나와 가까운 사람들조차 데어옵스를 운영하고자 하는 나의 꿈을 위해 했던 행동이 무분별한 도전이라고 말했다. "당신이 지금 뭐 하고 있는지 알아?" 그들이 물어왔다. 이 일은 젊은이들이 열정과 꿈을 찾을 수 있도록 돕고 가능한 한 많은 사람들이 개척자로, 역사를 이루어가는 사람으로, 이 지구를 뒤흔들 수 있는 사람으로 새로운 세대를 이루게 하는 것이다. 이게 비이성적인 것인가? 그렇지 않다. 그렇지만 이성적으로 보이는 것도 아니다.

하지만 그때 정확한 나의 상태는, 열정이 가득 찬 가슴과 꿈으로 가득 찬 머리 외에는 아무것도 없었다. 그것이 쉬웠을까? 절대 아니다! 그렇다면 가치가 있는 일이었을까? 물론 그렇다. 지난 4년간 나는 나 자신과 아내와 아이들, 그리고 나를 믿고 지지하는 다른 가족들과 친구들에 대하여, 그리고 나를 미쳤다고 생각하는 사람들에 대하여 과거 그 어느 때보다도 더욱 잘 알게 되었다. 나는 숱한 시험과 고난을 겪어왔다. 찬장에 아이들과 아내에게 먹일 것이 설탕 외에는 아무것도 없다는 게 무슨 의미인지 알게 되었다. 나는 퇴출 통고를 받을 때의 기분을 잘 안다. 18개월 동안 퇴출 통고를 일곱 번이나 받았으니까.

나는 나의 열정 때문에, 솔직히 말해 나 자신과 가족을 위험에 빠뜨렸다. 당신이 보기에도 내가 좀 바보 같아 보일 수도 있겠지만, 이 꿈은 나에게 너무 매력적이어서 거부할 수 없었다. 그래서 끝까지 포기하지 않았다.

> 미래는 자기 꿈의 아름다움의 가치를 믿는 사람들의 것이다.
> – 엘리너 루스벨트

데어 자선사업은 젊은 시절 소박하게 시작되었다. 학교를 졸업하고 10년이 지난 후 나는 서핑 경기의 심판을 자원해달라는 연설을 해줄 것을 부탁받았다. 그 후에는 경기에서 아나운서나 사회로 초청을 많이 받았다. 이는 학교와 같은 곳에서의 강연 초청으로 이어졌다. 이어서 한 정치적인 파티에서 그곳에 모인 사람들에게 젊은이 대 젊은이로 강의를 해달라는 부탁도 받았다! 그때부터 나는 정치에 관심을 갖게 되었다.

몇 년 후 나는 자동차 도색 작업을 하면서 번 돈으로 서핑 캠프를 시작했다. 그 캠프는 임시적인 것이었지만 상당히 재미있었다. 그 캠프가 데어 캠프로 알려지게 되었고 후에 현재 알려진 데어옵스로 이름을 바꾸었다. 2003년 뉴사우스웨일스 선거에 후보로 나섰다. 이 선거로 나는 사람들에게 나의 꿈을 알릴 수 있었다. 나의 꿈은 여전히 젊은이들에게 힘을 주는 것이었기에 모든 시간을 그들에게 동기를 부여하는 캠프와 세미나에 쏟아 붓기로 했다.

> 우리는 고통으로부터 영감과 생존의 방법을 찾아야 한다.
> – 윈스턴 처칠

하지만 나는 곧 가족이 굶고 있고 거처할 곳이 없는 상황에서는 영향력 있는 강사나 동기부여자가 되기 힘들다는 것을 깨달았다. 그래서 나는 이를 악물었다. 나는 지역 센터에 가서 실업수당을 받았다. 그러나 절망이 엄습해 와 극복하기 힘들 지경이었다. 어떻게든 돈을 벌어야 했다. 정부에서 지급하는 것을 가지고 연명하며 어떻게 다른 사람들을 일으킬 수 있겠는가? "네, 꿈을 위해 사십시오. 저를 보세요. 저는 정부에서 실업수당을 받습니다! 어쩔 수 없지만 나를 따르세요!"라고 말할 수는 없지 않은가.

나는 이 문제를 스스로 해결하고 싶었다. 나는 학교들 사이에서 이름을 날리고 싶었다. 나는 나 자신을 믿었고 내가 나누었던 메시지들도 스스로 믿었다. 선거 활동 이후에는 학교들이 앞 다투어 나를 섭외하려고 줄을 설 줄 알았다. 나는 나의 경험과 그동안 모은 자료들을 나누고 싶었다. 그 자료를 사람들이 인정할 줄 알았다. 그러나 그렇지 않았다.

나는 먼저 신빙성과 인지도를 갖추어야 했다. 나를 알아봐줄 법도 한데 사람들은 그렇지 않았다. 선생님들은 텔레비전을 통해 본 정치 후보였던 나를 믿지 않았다. 내가 학생들과 대화를 잘 할 수 있을지 의구심을 가졌다. 이것이 가장 큰 장애물이었다.

어떻게 해야 돈도 벌면서 탁월한 능력으로 사람들에게 동기를 부여한다는 것을 인정받을 수 있을까? 해답은 무료로 연설해주는 것이었다. 돈을 받지는 못하지만 명성을 쌓을 수는 있다. 그리고 다시 초청을 받았을 때는 당당하게 돈을 요구할 수 있을 것이다.

그러나 집세를 내지 못했다. 그래서 건설업의 일용직으로 일해야 했다. 돈벌이도 시원치 않았고 하고 싶은 일도 아니었지만 먹을 음식을 살 수 있었다. 거다가 일용직 노동은 나의 몸을 단련시켜 줬다. 몇 시간씩 등에 시멘트를 지고 나르면서 나는 꿈을 꾸었고, 꿈을 위해 열정을 채우고, 그리고 그것을 현실로 이룰 수 있는 구체적인 방법을 생각할 수 있었다.

내가 가고 싶은 곳으로 가기 위해 하기 싫은 일을 해야 할 때가 있다. 처음 막노동을 시작했을 때 나는 공사판에서 보내는 하루가 단순히 시간낭비라고 생각했다. 공사판에서의 아홉 시간으로 후원자나 학교에 전화할 수 있고 교장선생님이나 진로 담당 선생님들과 이야기를 나눌 수 있으며 젊은 사람들을 만나 용기를 불어 넣을 수 있기 때문이다. 나는 시멘트 작업과 철근을 옮기고 샌딩 머신과 압축 공기식 드릴 같은 기계들을 사용하는 데 최선을 다하지 않았다. 그러나 공사판에서 보내는 시간은 내게 생각을 정리하고 꿈을 구체화시킬 수 있는 여유를 주었다.

이것이 바로 우리가 처한 매 순간 모든 것을 긍정적으로 바라봐야 하는 이유다. 긍정적인 마음을 잃지 말자. 그것이 열쇠다.

계속 노동을 하면서 나는 그 상황을 벗어나게 해줄 기회를 찾았다. 그리고 결국은 나의 오랜 꿈, 젊은이들에게 자신의 길을 발견할 수 있도록 돕는 꿈을 이룰 수 있었다.

나에게 무슨 일이 일어났을까!

젊은이를 향한 열정과 공사판 일이 하기 싫은 마음, 둘이 합해져 추진력을 얻은 것이다. 나는 후원을 받는 캠프를 조직할 수 있었다. 그 캠프는 공중파 방송사에 의해 촬영되었고 국민들의 특별한 사랑을 받으며 뉴스에서, 그리고 다른 프로그램에서 방송되었다.

현재 내가 진행하는 프로그램은 2003년 선거에서 만났던 한 사람 때문에 가능했다. 무작위로 전화를 걸다가 드디어 우리 캠프에 대한 생각과 아이디어가 받아들여졌다. 나는 젊은 동기부여자로서 전국 방송에 출연하게 되었다. 그 이후부터 주어진 모든 기회를 십분 활용했다. 책을 냈고 〈파이어스톰Firestorm〉이라는 서핑 영화를 감독하고 제작했다. 그 후 앞에서 말했던 대로 열 명의 학생들과 파푸아뉴기니에 있는 코코다 트랙을 건넜다. 6일간 우리는 완전히 녹초가 됐지만 트랙을 지나간 민간인들 가운데 두 번째로 빨랐다. 이 과정도 역시 촬영되어 전국에 방송되었고 그 이후의 이야기는 여러분이 아는 것처럼 진행되었다.

그 후 나는 최근에 몇 건의 심각한 폭동이 일어났던 도시 외각 지역에 지역 경찰과 학교의 협조 속에서 다섯 개의 캠프를 더 운영했다. 캠프에 참여한 젊은이들은 놀랍게 변화되고 있다. 어떤 캠프

> 우리가 끊임없이 상상하고, 열정을 불태우고, 열심히 행동하는 일은 꼭 일어날 수밖에 없다.
> - 콜린 P. 시슨

는 다시 한 번 언론의 관심을 끌어 6개월 동안 세 번이나 방송을 탈 정

도였다. 당신이 가지고 있는 열정을 긍정적인 방향으로 펼친다면 긍정적인 일은 일어난다. 최근에는 리복과 매쿼리 그룹으로부터 재정적인 지원을 얻게 됐다.

지금 당신은 이 책을 읽고 있다! 나는 진심으로 바란다. 당신이 힘을 얻어 앞으로 나아가 그 열정을 불태우기를. 만약 그렇게 하고 있다면 더욱 속도를 높여 더욱 열심히 전진하기를. 당신이 해야 할 일은, 당신의 열정이 당신을 인도하게끔 하는 것이다.

자, 그러면
당신의 열정은
무엇인가?

여기에 간단하게 자신이 무엇에 열정을 품고 있는지 알아볼 수 있는 방법이 있다. 스스로에게 질문해보라. 내가 정말 흥미가 있어하면서 동시에 관심 있어하는 것이 무엇인가? 무엇이 나의 마음을 뜨겁게 태우고 살아 있다고 느끼게 하는가? 다시 한 번 하고 싶어서 못 견디겠는 것은 무엇인가?

이제 당신의 머릿속에서는 부정적인 목소리가 "그건 멍청한 짓이야. 너는 결코 해낼 수 없어."라고 말하고 있을 것이다. 그냥 무시해버려라! 오직 진실만을 기억하라. 당신은 할 수 있다. 누군가가 그 일을 해야 한다면 당신이 하는 것이 좋지 않겠는가!

자신과 그리고 자신의 열정에 대하여 자세하게 알기 위해서는 시간이 필요할 것이다. 책이든 종이든, 아니면 옆에 있는 명함이라도 집어 들라. 그리고 당신의 열정이 무엇을 향해 있는지 적어보라. 그럼 그 열정이 실제적인 현실이 되게 하는 데 첫발을 내딛

> 만약 당신이 비범한 일을 위해 기꺼이 위험에 처하지 않는다면 평범하게 안주해야 할 것이다.
> - 짐 론

은 것이다. 그 열정을 가지고 어떤 것도 하기를 원하지 않는다면 열정은 사라질 것이다. 뿐만 아니라 그 열정이 다시 당신에게로 돌아와 다른 꿈을 이루는 것도 억제할 것이다. 자신의 꿈과 열정을 위해 어떤 행동도 하지 않는 사람은 아주 깊게 그것을 묻어놓고 있는 것이다. 그리고 곧 자신이 그런 열정을 가지고 있었다는 것조차 잊어버린다.

당신은
당신만을
변화시킬 수 있다

내가 너무도 좋아하는 영화 〈브레이브하트Braveheart〉는 처음에 전투 장면이 나온다. 젊은 윌리엄 월레스는 아버지와 형이 그들의 신념을 위해 싸우다 전투에서 사망하여 짐차에 실려 오는 것을 본다. 젊은 윌리엄은 꿈을 꾸는데 꿈 속에서 그는 중세 시체 공시소같이 보이는 헛간의 테이블 위에 누워 있다. 그의 아버지도 윌리엄 옆에 나란히 누워 있었다. 그런데 아버지가 다시 생명을 얻은 듯 보이더니 머리를 돌려 윌리엄을 쳐다보고 이렇게 말한다.

"너의 심장은 자유롭다. 그것을 따를 용기를 갖거라."

당신은 심장이 원하는 것을 따르고자 하는가? 당신의 열정이 삶을 주도하기를 원하는가? 그러면 당신은 용감해야 할 것이다.

여기 한 가지 의문점이 있다. 왜 주변 사람들은 내가 앞으로 나아가려고만 하면 불평을 하는 걸까? 당신의 인생이나 그들의 인생이나 다른 것은 없다. 우리는 모두 같은 기회를 가지고 있다. 우리는 모두 같은 공기를 마신다. "백만장자나 거지나 하루가 24시간인 건 똑같다."라는 속담도 있지 않은가.

당신이 발전하려 할 때 다른 사람들이 불평하기 시작하는 이유는 당신이 그들을 불편하게 만들었기 때문이다. 그들도 당신처럼 동일한 장애물이 있었고 기회도 있었다. 그러나 그 사람들은 그저 평균에 만족하며 머물러 있었다. 그들은 '현상 유지'의 삶이 익숙하고 편하다. 그들도 더 탁월해질 수 있는 잠재력이 있었지만 그런 삶을 선택하지 않은 것이다. 그리고 이제 아무런 행동도 하지 않은 이유가 적나라하게 드러났다. 그들은 둘 중 하나를 선택해야 하는 상황에 놓였다. 그 자리에 그대로 있든지 아니면 당신을 따라 앞으로 전진하든지.

그들도 열정을 다해 위대한 일을 할 수 있었다. 하지만 그렇게 하는 대신 대부분의 다른 사람들처럼 평균을 유지하려고만 했다. 그들이 보기에는 별것도 아닌 사람이 이제 앞서나가려고 하는데 어떻겠는가? 그걸 불편하게 생각한 이들이 당신을 깎아내리려고 하는 것이다. 당신을 평가절하하면서 분수대로 살라고 한다. 당신은 이 모든 것을 극복할 만한 용기를 가져야 한다.

당신이 성장하는 동안에 어떤 이는 함께 성장할 것이고 또 어떤 이는 안타깝게도 그러지 못할 것이다. 다른 사람을 변화시키는 건 당신이 할 수 있는 일이 아니다. 당신은 당신 인생의 조종사일 뿐이다. 독수리가 분홍앵무새를 업고 날아갈 수는 없다. 그렇게 한다면 두 마리 모두 날지 못할 것이다. 당신이 하늘을 날 수 있는 용기를 가지면 주변 사람들은 자연스럽게 따라온다. 그러니 독수리가 되어라. 그러면 창공을 날고 있는 또 다른 독수리를 보게 될 것이다.

자, 당신의 열정이 무엇인지 적어보았는가? 그러면 당신은 당신의 열정이 현실이 되게 하는 데 당당히 첫발을 내디딘 것이다. 이제는 열기구의 불을 댕기고 이륙할 준비를 해야 한다.

fly

무엇이든지 당신 마음에 품을 수 있다면, 그것을 성취할 수도 있다.
– 나폴레온 힐

tip

· 꿈을 실현시키기를 원한다면 자신의 열정이 어떤 것인지 정확히 알아야 한다.

· 열정에 불을 지펴라. 연료는 꿈을 향해 달려갈 수 있게 하는 에너지원이다.

· 좋은 것들이 나쁜 상황에서 나올 수도 있다.

· 사람들이 당신을 우습게 생각하거나 하찮게 여길 것이다. 그렇더라도 자신을 의심하지 말라. 자기 심장을 따를 수 있는 용기를 가져라.

나는 열정을 가지고 꿈을 현실로 승화시킨 인물 중에서 스티브 어윈Steve Irwin보다 좋은 예는 없다고 생각한다. 그는 진정 열정적인 사람이다.

스티브 어윈은 야생 생물과 야생 지역 보존에 열정적이었다. 그 열정을 병에 담아 팔 수 있다면 아마 누구든 억만장자가 될 것이다. 44세에 사망할 당시에도 그의 연료 탱크는 가득 차 있었다.

그가 빅토리아를 떠나 가족과 함께 퀸즐랜드에 있는 비어와에 정착한 것은 금발머리 여덟 살 소년일 때였다. 그의 아버지는 사업을 시작했는데 그것은 가족 파충류 공원이란 것으로 후에 호주 공원Australia Park으로 알려지게 된다. 그가 아홉 살 때 아버지는 북퀸즐랜드에서 밤에 야생 악어를 잡는 방법을 알려주었다. 스티브의 최고의 자랑거리 중의 하나가 동물원에 있는 악어들은 모두 그가 잡았든지 아니면 거기서 태어난 악어들이라는 것이었다. 악어의 수는 100마리가 넘는다.

'악어 사냥꾼' 스티브 어윈은 그의 첫 번째 다큐멘터리와 TV 시리즈가 디스커버리 채널에서 방영되어 미국에서 굉장히 유명해졌다. 이

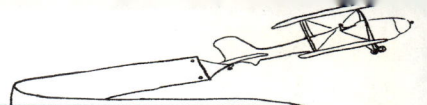

프로그램은 그들 가족을 몇 개 대륙에서 유명인으로 만들었다.

스티브는 파충류에 대한 과학 논문을 열여섯 차례나 발표했을 정도로 매우 열정적이다. 그의 TV 쇼는 세계 120개 국가에서 2억 명이 넘게 시청했고 그는 심지어 에디 머피와 〈닥터 두리틀 2〉에도 같이 등장했다. 스티브는 동물 보호와 파충류에 대해서도 넘치는 열정을 갖고 있었지만, 그의 아내 테리를 비롯해 모두가 알고 있듯이 두 명의 자녀 빈디와 밥에 대하여도 큰 열정을 보여주었다.

불행하게도 스티브는 2006년 4월에 〈오션스 데드리스트Ocean's Dead-liest〉라는 다큐멘터리를 촬영하다가 사망했다. 어림잡아 세계 인구 중 3억 명이 스티브가 사랑했던 호주 공원에서 열린 그의 장례식에 채널을 맞추었다.

열정은 꿈을 불태우는 연료와 같은 것이다. 스티브 어윈은 연료가 풍부한 사람이었다.

Fly

09
꿈의 조정대를 잡아라

나는 나이가 얼마가 들건 책난로 옆에 앉아서 불길만 쳐다보고 있는 것으로 만족할
수 없다. 인생이란 최선을 다해 살도록 되어 있다. 그러므로 언제나 생기 있게 호기심
을 가지지 않으면 안 된다. 어떠한 이유에서든 결코 인생에 등을 돌려서는 안 된다.
- 엘리너 루스벨트

누가
열기구를
이끌 것인가?

이제는 조종사에 대하여 얘기해보자. 조종사는 바로 당신이다.

사람들은 밤늦게 몇 병의 맥주와 피자를 먹을 때 자신의 원래 꿈과 이상이 무엇인지 기억하지 못한다. 하지만 그들은 눈 깜짝할 사이에 다른 사람의 아이디어를 낚아채고 그것이 원래 자신의 것이었다고 주장한다.

자신의 꿈에 스스로 조종사가 돼야 한다. 누군가 가까이 와서 온갖 종류의 약속을 하고 모든 지원을 아낌없이 한다 해도 조종대를 넘겨서는 안 된다.

나의 서핑 영화를 지원해주는 조직을 만났을 때 특별히 한 사람이 너무나 열광적으로 나를 도와주려 했다. 그는 그의 회사 매니저와 나와의 만남도 주선하고 또 자금을 얻어주려고 했다. 그리고 너무 열성적으로 관심을 보이면서 아이디어를 마구 내놓았는데, 예를 들면 서핑 · 스케이팅 · 스노보드의 3부작 영화를 만들자고 했다. 그는 원래 영화가 추구하는 궤도에서 벗어나고 있었다. 그는 나의 꿈이 실현되는 데 자신이 너무 많이 도왔다고 느꼈던 것이다. 그가 그리 큰 도움이 되지 않았는데도 그는 그 꿈을 실현시킬 수 있는 권리가 있다고 생각했다. 단순하게 생각해봐도 그에게는 그럴 권리가 없었다.

연료가 되는 열정은 당신의 것이고 꿈은 당신에게 속한 것이다. 당신은 열기구를 띄우기 위해서 어떤 것들이 필요한지 알고 있다. 그렇기 때문에 그 꿈의 조종사 역할을 하는 사람은 당신이어야 하는 것이다. 기구의 연료를 담당하는 사람은 조종사이다.

꿈을
낚아채는 사람을
조심하라

당신이 꿈을 이루기 위해 각 부품들을 연결하기 시작하면 세상은 당신을 주목하기 시작한다. 하지만 세상에는 눈에 보이는 결과물을 중요하게 생각하는 사람들이 있다. 바로 이 부분에서 당신은 자신뿐만 아니라 당신의 꿈을 그 사람들이 좌지우지하는 것에서부터 보호해야 한다. 꿈을 지키기 위해 때에 따라서는 이기적일 필요도 있다. 당신이 최선을 다하고, 노력을 기울이고, 희생을 하고, 필요할 때는 변화도 한다면 아무도 당신이 꿈을 이룰 수 있다, 없다 말할 권리가 없다.

아이를 둔 부모처럼 당신은 꿈을 보호해야 하고 때에 따라서는 과잉보호도 해야 한다! 어떤 풋내기라도 갑자기 당신의 곤돌라에 뛰어들어서 당신에게 어디로 가라고 한다거나, 더 심하게는 아예 통제를 하도록 놔두지 마라. 그들은 당신처럼 열정을 가지고 있지 않다. 당신의 꿈이 계속 하늘에 떠 있을 수 있게 하는 연료는 열정임을 잊지 마라. 적당량의 연료가 없다면 꿈은 추락하고 타오를 것이고 그리고 조종사와 승객들은 운명을 다할 것이다.

> 내가 하고 싶지 않은 것을 다른 사람이 하도록 하는 것은 옳지 않다.
> – 엘리너 루스벨트

당신이
선장이다

마지막에는 모두 당신의 것이 될 것이다. 당신의 노력, 당신의 꿈, 당신의 갈망, 당신의 능력, 당신의 아이디어, 당신의 열정, 당신의 사업, 당신의 확신, 당신의 수양, 당신의 희생, 당신의 결정, 당신의 추진, 당신의 인생이다. 다른 사람이 들어와 꿈을 앗아가게 내버려 둘 것인가? 그래서는 안 된다. 꿈을 꾸게 했던 그 열정으로 반드시 꿈을 지켜내야 한다. 결국 이 모든 것이 당신 것이기 때문이다.

당신의 꿈에 무임승차하려는 사람들에게서 꿈을 지키는 것에 관해 이야기하는 것이다. 그러나 이런 이들뿐 아니라 당신을 지지하는 사람들과의 사이에서도 갈등은 존재할 것이다. 이때 우리는 배의 선장으로서 리더가 되는 법을 배울 수 있다.

> 곤경의 한가운데 기회
> 가 놓여 있기 마련이다.
> – 알베르트 아인슈타인

당신은 선장으로서 모든 사람을 곤돌라에 태울 수도 없고 분명 모든 사람들을 막을 수도 없다. 결정은 당신에게 달렸다. 태우고 태우지 않고의 결정이 사람들을 깜짝 놀라게 할 수도 있다. 그러나 그들이 겁을 내게 하지는 말기 바란다.

　나는 이런 종류의 결정을 통보받고 감정을 추스리지 못하는 사람들을 많이 보았다. 그들의 꿈에는 무슨 일이 일어난 걸까? 아무 일도 일어나지 않았다! 그들은 한 번도 꿈을 이루고자 해본 적이 없기 때문이다. 그들은 그들 자신의 열기구를 띄우고자 한 적이 없다. 시도하고 실패하는 편이 아예 해보지도 않는 것보다 낫다.

fly　지금부터 20년 후에는 자신이 한 일보다 미처 하지 못한 일에 더 실망하게 될 것입니다. 경험하세요. 꿈을 이루세요. 발견하세요.
　　－마크 트웨인

---

tip

· 당신은 자신만의 꿈을 이루어가야 한다. 당신은 진행 과정을 밟아야 한다.

· 당신의 꿈을 보호하라.

· 꿈을 지키기 위해서는 때론 이기적일 필요가 있다.

· 균형을 찾아라. 팀과 함께 일하지만 당신의 꿈을 지켜라. 이것은 당신이 대장으로서 사람들을 이끌 수 있는 기회이다.

나는 이 끔찍하고 우울한 요놈의 지구에서 득실대는 모든 인간들을 통제하고 싶단 말이야.
그건 당신이 매번 이야기하는 주제인데요, 사탄씨. 이번에는 조금 수위를 낮춰서, 예를 들면 변호사들을 통제해보는 건 어떨까요….

케이시 스토너Casey Stoner는 그가 가고자 하는 방향으로 어떻게 운전해서 가야 하는지를 아는 젊은이다. 그는 모터사이클에 열광하는 가족 속에서 성장하여 자연스럽게 세 살부터 모터사이클 타는 법을 배웠다. 그리고 4~9세 어린이가 참여할 수 있는 모터사이클 경주에 처음으로 출전했다. 그리고 여섯 살 때 처음으로 호주 타이틀을 땄다. 열네 살이 될 때까지 케이시는 그를 전폭적으로 지지해주는 가족들과 세계를 돌아다니며 놀랍게도 41개의 호주 장거리 타이틀을 비롯하여 70여 개 이상 국가에서 타이틀을 따냈다. 그리고 한 경기에서는 다른 종류의 모터사이클 다섯 대를 바꿔 타면서 경주를 하기도 했다.

열두 살에 호주 장거리 경기에 출전했을 때 각 항목은 엔진의 성능에 따라서 결정되었다. 각 엔진으로 대략 일곱 번의 경기를 치를 수 있는데 케이시는 서로 다른 엔진으로 다섯 개의 항목에 속한 경기에 출전했다. 그가 한 주에 치른 경기는 서른다섯 건이었다. 그 서른다섯 경기 중 서른두 경기에서 우승했고 그로 인해 다섯 개의 내셔널 타이틀을 따냈다.

열네 살이 되자 케이시와 가족들은 합법적으로 로드 레이스를 할 수 있는 영국으로 건너갔다. 왜냐하면 호주에서는 열여섯 살 전에 로드 레이스를 하는 것이 불법이었기 때문이다. 그는 마치 물속의 오리처럼 자유롭게 경기를 펼쳤고 곧 후원자도 찾게 되었다. 2000년, 로드 레이싱 첫 출전인 영국 125cc 아프릴리아 챔피언십에서 우승했다. 그는 또 스페인 챔피언십에 두 번 출전했는데 거기서도 우승했다.

케이시 스토너는 인생을 어떻게 살고 싶고 원하는 것을 어떻게 얻어야 하는지를 알았다. 그는 최선을 다했으며 스스로 자신의 꿈을 조종했다. 다음 해에 그는 스페인 챔피언십에 텔레포니카 모비스타 팀과 출전했다. 같은 해 그는 영국과 스페인 챔피언십에 출전했고 두 경기에서 모두 2등을 하였다. 그리고 두 장의 와일드 카드를 받아서 영국과 호주에서 열리는 모터사이클 그랑프리 대회125cc 월드 시리즈에 참여할 수 있게 되었다. 다음 해인 2002년에 케이시는 열여섯이라는 어린 나이에 250cc 월드 시리즈에 초대되었고 2003년에는 루치오 체히넬로와 세피로 옥시도와 함께 출전했으며 발렌시아에서 첫 그랑프리를 수상했다.

그때를 시작으로 해서 케이시는 이제 익숙해진 125cc 모토 그랑프리 월드 시리즈 2004 KTM을 탔고 처음으로 KTM(모터사이클 회사)에게 우승 트로피를 안겨줬다. 그리고 그해 여섯 번이나 시상대에 올랐다. 2005년, 케이시는 호주 팀과 다시 합류를 하고 그 해 포르투갈, 상하이, 카타르, 세팡, 그리고 이스탄불에서 열린 250cc 그랑프리 월드 시리즈에서 우승했다.

마침내 2006년, 20세가 갓 넘은 나이에 케이시 스토너는 모터사이클 경주에서 가장 빠르고 또 가장 유명한 모터사이클 그랑프리에 출전하고자 하는 야망을 이룬다. 현재 그는 어른으로 성장했으며 발렌티오 로시, 마르코 미랜들리, 케니 로버트 주니어, 그리고 세계적으로 유명한 선수들과 어깨를 나란히 하고 있다. 그는 카타르에서 열린 두 번째 모터사이클 그랑프리에서 좋은 성적을 거뒀고 모터사이클 그랑프리 첫해에 8등을 차지하였다.

케이시는 현재 두카티Ducati사에 소속되어 있으며 믹 두핸과 웨인 가드너에 이어 호주의 새로운 모터사이클 월드 챔피언이다. 케이시가 어떤 것을 성취했는지 읽는 것만으로도 숨이 가빠진다. 그는 확실히 자신의 꿈을 어떻게 하늘로 띄워야 하는지 아는 젊은이다.

Fly

10

빗줄을 붙들어줄
사람을 찾아라

진실로 좋은 친구는 찾기도 어렵고, 떠나기도 어려우며, 잊는 것도 불가능합니다.
- G. 랜돌프

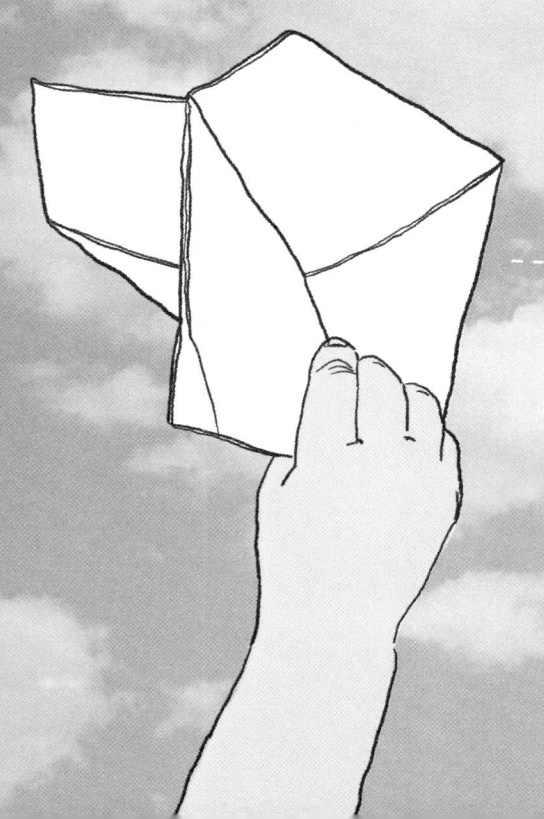

왜 나에게
지상 요원이
필요한가?

열기구를 띄울 때는 지상에서 도와줄 사람들이 필요하다. 바로 지상 요원이다. 그들은 열기구가 하늘을 날도록 도와주는 사람들이다. 지상 요원의 책임은 현장에서 열기구가 뜰 때까지 안전하게 지키고 있는 것이다.

이제 기억해보자. 각 장에서 우리의 꿈을 이루기 위해서 어떻게 해야 하는지 열기구에 비유했다. 그럼 이번에 이야기하는 지상 요원이란 무엇을 가리키는 것이겠는가? 바로 당신이 스스로 날 수 있을 때까지 옆에서 균형을 잡아주고 안전하게 지켜주는 사람들일 것이다. 열기구가 하강할 때 누가 당신을 안전하게 착륙할 수 있게 해주겠는가?

그게 누구인지 당신은 이미 알고 있을 것이다. 우리 인생에서 지상 요원은 대개 친구들이다. 곤돌라 주위에 위치해 있음으로써 안전과 경로를 지키고 또 잠재력을 일깨워준다. 우리가 우리 인생에 들어오도록 선택한 사람들은 우리의 꿈을 위해서 같은 역할을 수행한다.

우리는 이미 4장에서 진실한 친구를 사귀고 파트너십을 이루는 것의 가치에 대해 이야기했다. 그들은 삶을 더욱 풍요롭게 해줌은 물론 꿈을 달성하는 데 큰 도움이 된다. 이제 우리 친구들이나 지상 요원들이 어떻게 꿈을 이루도록 도와주는지 좀 더 자세하게 살펴보자.

나는 그 사람들의 횃불에서 나의 초를 밝혔다.

fly

– 로버트 버튼

꿈을
지지해주는
사람을 찾아라

지상 요원은 당신의 안식처인 곤돌라를 땅에 묶어둔다. 그건 당신을 억제하기 위해서일까? 무엇 때문에 그렇게 하는 걸까? 답은 간단하다. 조종사가 날 준비가 됐다고 말할 때까지 열기구를 묶어둘 수 있는 것은 그들 지상 요원들뿐이다.

당신과 함께하는 지상 요원은 당신이 정상적인 절차를 밟아가고 있다는 것을 확신시켜 주고 옳은 방향으로 나아갈 수 있도록 도와준다. 또한 날씨 때문에 열기구를 띄우는 게 너무 위험하다면 열기구가 그냥 지상에 있도록 한다. 즉 지상 요원은 당신을 지키는 것이다. 이것이 그들의 역할이다! 자, 그렇다면 그 사람들이 당신에게 필요한 존재인가? 두 말하면 잔소리다.

최근 지역 신문에 실린 뉴스가 있다. 캐나다 밴쿠버에서 열기구를 타다가 일어난 사고에 관한 기사다. 열한 명의 승객 중 두 명이 사망했다. 열기구가 하늘로 떠오르려고 준비하다가 폭발이 일어났다는 것이다. 지상 요원이 끈을 잡고 있을 때 프로판 가스에 갑자기 불이 붙었고 곤돌라는 화염 구처럼 변했다고 한다. 지상 요원들이 잡고 있던 가죽

끈은 재빨리 타버렸다. 그러나 그들이 최대한 오래 열기구를 잡고 있었기 때문에 대부분의 승객들이 탈출할 수 있었다. 만약 지상 요원들이 열기구를 잡고 있지 않았다면 사망자 수는 훨씬 더 많아졌을 것이다.

누가 나의 승무원이 될 수 있을까?

누가 나를 위한 승무원이 될 수 있을까를 아는 방법은 간단하다. 그들이 나의 꿈에 어떻게 반응하는가를 보면 된다. 지지하는 쪽으로 반응하나? 아니면 부정적으로 반응하나? 그들은 당신이 이륙을 시도할 때 당신을 지지하는가, 아니면 기구가 충돌하거나 타버리는 것을 보고 싶어하는가?

fly
진실한 친구는 너의 약점을 알지만 강점을 가르쳐주고, 너의 두려움을 느끼지만 너의 믿음을 강하게 만들고, 너의 불안함을 알지만 너의 영혼을 자유롭게 해주고, 너의 무능력을 인식하지만 너의 가능성을 강조한다.
- 윌리엄 아서 워드

가족도 당신의 요원으로 활동할 수 있을까?

당신과 관계를 맺고 있는 사람이라고 해서 누구에게나 다 지상 요원의 역할을 기대할 필요는 없다. 왜 가족이 꼭 지상 요원이 되어야 할 필요가 없는지를 보여주는 실화가 있다.

워렌(본명은 아니다)은 그의 형과 함께 집안에서 해오던 사업을 물려받았다. 그런데 거래를 잘못 하는 바람에 거의 100만 불 이상의 손실을 보게 되었다. 그러나 워렌은 기회 포착에 탁월한 재능이 있어서 금세 손실을 메우고 이득을 볼 수 있었다. 그는 이 일들을 모두 혼자처리했다. 그는 회사를 소규모의 제조사, 건설 회사에서 다섯 개의 계열사를 가진 수십억의 수익을 내는 회사로 성장시켰다.

당신은 워렌의 형이 동생을 자랑스럽게 여길 거라 생각할 것이다. 워렌의 아이디어는 엄청나게 수익을 냈고 또 끊임없이 회사 일에 몰두했다. 형이라면 거의 위기에 몰렸던 회사가 기사회생하고 영향력 있는 회사로 성장하는 모습을 보면서 너무 기쁠 것이다. 그러나 불행히도 워렌을 가장 많이 공격하고 모든 간부들이 보는 앞에서 창피를 주고, 그리고 그의 권위를 뭉개놓은 사람은 다른 이가 아니라 바로 그의 형이었다.

워렌은 그 후 놀랍도록 용기 있는 결단을 내렸다. 그가 너무나도 사랑하는 집안의 사업을 그만두고 그의 능력을 높이 사는 회사의 스카우트 제의에 동의한 것이다. 워렌은 그를 돕지 않는 지상 요원들을 그를 신뢰하고 또 지원하는 사람들로 교체해야만 했다.

워렌의 급료는 믿을 수 없을 정도였다. 새로운 직장에서 처음 다섯 달 동안 워렌은 전년도에 비하여 생산을 두 배 늘렸다. 사장은 그가 계속 그렇게 진행할 수 있도록 도왔고 필요할 때면 충고를 하고 만약 위험해 보이는 일이 있으면 너무 나가지 않도록 조절해주었다. 그리고 평상시에는 워렌이 자신의 잠재력을 모두 발휘할 수 있도록 도왔다. 결국 모든 사람이 승리한 것이다.

그들이 해야 할 것들과 하지 말아야 할 것들

당신도 알다시피 지상 요원들은 당신이 목표 지점까지 닿을 수 있도록 도와주는 역할을 한다. 인생에서 이런 역할을 할 수 있는 사람은 당신을 지지하고, 사랑하고, 당신을 위해서 시간을 할애하는 것에 관대하다. 그 사람들은 항상 당신을 향해 귀가 열려 있고 당신을 격려한다. 지상 요원들은 절대 당신을 조종해서 그들의 개인적인 욕구를 채우는 일은 하지 않는다. 그 사람들은 당신을 사랑하고 돌봐주고 또 지원해주길 원하기 때문에 늘 옆에 서 있다. 만약 실수를 하면 놀리거나 창피를 주는 대신 다시 한 번 일어설 수 있도록 돕는다. 당신 뒤에서 사람들이 안 좋은 얘기를 할 때면 당신을 보호해준다.

그들은 장기적으로 봐서 당신에게 이득이 될 때만 그렇게 한다. 어떤 것은 지금 당장은 좋지만 결국 당신에게 고통이나 파괴를 가져다주는데 그럴 경우 그들은 결코 계속 하라고 말하지 않는다. 그러나 그와 동시에 꿈이 현실이 되는 것을 보기 위해서는 희생을 해야 하고 어려운 일도 극복해야 하며 원조도 받아야 한다. 그렇게 때가 되면 당신의 지상 요원은 가장 확신 있게 "이제 날아올라."라고 말한다.

> 이상주의자란 다른 사람들이 부자가 되는 것을 돕는 이들이다.
> – 헨리 포드

그들도 당신이 그런 것처럼 당신의 옹호자이다. 이것은 일방적인 것이 아니다. 당신에게 지상 요원과 같은 사람들이 필요하다면 당신도 그들과 같은 사람이 되어야 한다.

지혜롭게 선택하기

당신이 꿈을 이루어나가는 데 커다란 영향을 미칠 수 있는 지상 요원을 어떻게 지혜롭게 선택해야 할 것인지에 대하여 이야기를 나눠보았다. 당신도 알다시피 그들은 당신의 꿈을 이루어나갈지 그럴 수 없을지에 엄청난 영향력을 미친다. 하지만 결국 당신의 여정이고 당신의 인생이다. 얼마나 높이 날고 싶은가와(당신이 정말 날고 싶다면) 누구와 함께 날고 싶은가의 결정은 전적으로 당신의 몫이다.

tip

· 지상 요원이 없다면 당신은 통제를 벗어날 수 있다. 그래서 그들이 꼭 필요하다.

· 당신과 연관된 사람이라고 해서 자동적으로 승무원 중의 한 명이 되는 것은 아니다.

· 지상 요원은 당신이 지속적으로 꿈을 향해 달려갈 수 있도록 하는 사람들이다. 또한 당신이 아직 날아오르기에는 위험할 때 보호해준다.

· 지상 요원들은 당신을 먼저 배려하고 가장 중요하게 생각한다. 그들에게는 숨겨진 목적이 없다.

· 결국 누구를 나의 지상 요원으로 결정하느냐는 전적으로 당신의 몫이다.

섀넌 테일러Shannan Taylor는 정말 잘못된 친구 관계가 무엇인지를 잘 알고 있다. 이 전 주니어 미들급 세계 챔피언은 2001년, 같은 급의 선수인 '슈거' 쉐인 모슬리와 한판 승부를 벌였었다. 섀넌은 그 경기로 100만 불을 받았지만 불행하게도 그것을 흥청망청 써버렸다. 그가 얻은 것이라곤 한 무리의 새로운 친구들이었다.

그들은 섀넌에 대하여는 전혀 관심이 없고 단지 그에게 빌붙으려고만 하는 사람들이었다. 그들은 섀넌이 자신의 한계를 벗어나는 것에는 관심조차 두지 않았다. 섀넌은 마약을 시작했다. 그들은 그의 목숨이 위태로워지는 그런 짓을 모른 척했다. 그들이 관심 있는 것은 그의 현금과 그의 주위에 있는 유명 인사들뿐이었다. 2002년에 〈더 선 헤럴드〉지와의 인터뷰에서 섀넌은 그가 코카인에만 7만 불 이상을 썼다고 고백했다.

섀넌, 아니 원래 알려진 대로 하면 '블래스터Blaster'는 세계 챔피언이었다. 그는 아마추어 경기 97건과 50건 이상의 프로 권투 시합에서 모두 네 번밖에 패하지 않은 전력(이러한 경력은 대부분의 권투 선수들이 소망하는 것이다)이 있지만 그의 탱크에는 아직도 연료가 남아 있었다. 마약과 난장 파티, 그리고 그와 그의 건강에 대해서는 관심조차 없는 사람들과 계속 어울려 다닌다면 더 이상 권투를 할 수 없다는 것을 그 자신도 알았다. 그래서 그는 어려운 결정을 내렸고 그의 인생에서 새로운 것을 시도하기 시작했다.

섀넌은 그의 일상으로 다시 돌아왔다. 다시 믿음을 회복하고 마약의 위험성에 대하여 아이들에게 말하기 시작했다. 2005년, 〈노던 리더Northern Leader〉와의 인터뷰에서 섀넌은 "나의 인생은 활주로를 완전히 이탈했었습니다. 하지만 지금은 완전히 다른 인생입니다. 매주 교회도 다니고 학교에 가서 아이들에게 마약의 심각성에 대하여 말합니다. 나는 다른 사람이 되었습니다. 마약을 할 때는 모든 것이 이루어질 것같이 보입니다. 모든 사람들이 나의 친구같이 보이지만 그러나 진정한 친구는 아무도 없으며 실제인 것은 아무것도 없습니다."라고 말했다.

오늘날 블래스터는 특별히 나탈리아의 자랑스러운 아버지로서 더 큰 삶의 의미가 있다고 믿는다. 왜냐하면 그가 마약에 대하여 아이들에게 가르치는 것에 대한 열정을 새로 발견했기 때문이다. 그는 말한다.

"마약을 한다면 결코 성공할 수 없다는 것을 나는 아이들에게 보여줄 수 있습니다."

섀넌 테일러는 세계 권투 연맹에서 주관하는 슈퍼 미들급 타이틀전에서 승리했고 내가 이 글을 쓰는 동안에 그는 또 다른 미들급 세계 타이틀전을 준비함으로써 세계 타이틀을 동시에 거머쥔 최초의 사람이

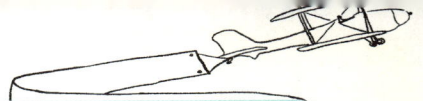

되려고 한다. 그는 또한 주니어 미들급 전에서도 타이틀을 따겠다는 계획이 있다.

블래스터는 이 모든 '걸쳐져 있는' 사람들, 즉 그가 옳은 선택을 하는 것을 돕지 않고 그에게서 떨어지지 않은 채 달라붙어 무겁게 만들던 친구들을 모두 정리했다. 그는 이제 그의 잠재력을 향하여 날아오르고 있으며 그런 일을 너무나 사랑한다.

Fly

II
이륙 준비

만약 곰팡이가 핀 빵에서 페니실린을 만들 수 있다면
당연히 당신에게서 어떤 것도 끄집어낼 수 있다.
– 무하마드 알리

우리는
곧
날아오를 것이다

이번 장은 아주 흥미 있는 장이 될 것이다. 이 거대한 기구와 당신의 놀라운 삶이 잘 만들어진 구조물에서 영광스러운 비행기구로 탈바꿈하여 하늘로 웅장하게 날아오를 테니. 변화는 결코 빠르게 일어나지 않지만 끊임없이, 또 신나게 일어난다.

> 상상하지 못하는
> 사람은 날개도 없다.
> - 무하마드 알리

열기구가 날아오르기 위해 준비 작업하는 것을 본 적이 있는가? 그렇다면 그 과정에 시간이 좀 걸린다는 것을 알 것이다. 일단 열기구가 조립되고 연료에 불이 붙여지면 공기가 데워지고 조금씩 기구가 떠오르기 시작한다. 승무원들은 승객이 모두 탑승할 때까지 기구를 땅에 붙잡고 있어야 한다. 변태는 끝났다. 기구는 마침내 날아오를 수 있도록 조각조각의 잠재력을 짜 맞추어 하늘을 날 수 있는 비행기구가 되었다.

우리 인생도 마찬가지다. 구성 요소들을 만들고 또 조합하고 하면서 점차적으로 인생이 우리가 갈망하는 모양을 갖추어나간다. 우리는 곧 이륙할 것이다. 중요한 것은, 꿈이 실제로 이루어지기 전에 먼저 그것을 보는 것이다. 자기의 잠재력과 숨겨진 재능을 자각해야 하고 꿈이 현실에서 이루어지도록 해야 한다.

가슴이
말하는
것

당신은 이런 말을 들어봤을 것이다. "당신은 놀라운 재능을 가지고 있습니다." "왜 그녀는 자신의 숨겨진 재능을 사용하지 않지?" 심지어는 "너는 잠재력이 철철 넘쳐!'라는 말. 그렇다면 잠재력이란 뭘까? 그리고 어떻게 그것을 철철 흘러넘치게 할 수 있을까?

사전에서는 잠재력에 대해 "사람이 일이나 성취를 최대한 가능하게 하는 것" 또는 "발전하거나 현실이 되게 하는 어떤 것"이라고 정의한다. 그 뜻 그대로라면 우리는 꿈을 달성하고 현실이 될 수 있게 하는 능력이 있는 것이다. '가능하게 하는'이나 '되게 하는'이라는 말을 눈여겨보라. 당신은 할 수 있는 것이다. 무엇을? 바로 우리의 가슴이 말하는 그것. 이것이 잠재력이다!

fly
열정은 너의 눈에서 빛나는 것이고 너의 걸음걸이가 활기차지는 것이다. 너의 손에 꽉 쥔 것, 저항할 수 없는 의지의 파도, 그리고 너의 생각을 실천하는 힘이다.

– 헨리 포드

잠재력을 현실로 끌어올리기

이제 우리는 원하는 것을 할 수 있는 능력이 있다는 것을 알았다. 그 다음 단계는 그 능력을 눈에 보이게 현실화시키는 작업이다. 여기서 우리는 운동에너지라고 불리는 것을 이해해야 한다. 운동에너지는 동작과 이동으로 구성된다. 즉 잠재되어 있는 능력을 현실이 되게 하기 위해서는 무언가를 해야 한다는 뜻이다!

우리는 어떤 행동을 할 것인지 결정해야 한다. 우리는 꿈을 동작으로 옮겨야 한다. 우리는 우리의 꿈이 정확히 무엇인지 아는 과정을 겪었고 자신의 곤돌라를 튼튼히 하는 작업을 하였다. 그리고 그것을 캐노피와 단단히 연결했다. 또한 적합한 지상 요원을 찾아냈고 우리가 어디를 향하고 있는지 그 방향을 안다. 현재 우리는 마지막 단계만 밟으면 된다. 바로 이륙이다!

fly
자존감은 우리가 스스로가 내리는 평가이다.
– 너대니얼 브랜든

조심하라,
그건 자신감의
상실이다!

이제 우리의 꿈을 현실로 만들 시간이다. 그러나 바로 이 순간, 우리의 열기구가 이룩할 준비가 다 된 이때 자신감을 잃어버릴 수도 있다. 어쩌면 꿈을 달성하지 못할 수도 있다는 생각이 드는 것이다. 자신의 부족함과 과거의 실패, 그동안 겪었던 부정적인 경험들, 혹은 사람들이 부정적으로 말했던 곳에 당신은 아직 머물러 있을 수도 있다.

어떻게 하면 자신감을 얻을 수 있을까?

자신감이 없는 것은 스스로를 의심하기 때문이다. 그것은 우리의 능력에 대하여 스스로가 자신감이 없을 때 저지르는 일종의 자폭 모드다. 극도의 부담감을 느낄 때, 예를 들어 시험 볼 때 같은 경우 아는 문제가 나와도 머릿속이 하얘진다. 마음이 평정심을 잃을 때 우리는 때때로 자기에 대한 의심이 소용돌이치기 시작한다. 이때 중요한 것은 정말 그 답을 전혀 모르는지 아니면 아는지에 대하여 스스로에게 질문해보기 시작하는 것이다! 자신감의 상실은 당신의 생각을 파괴하고 당신이 수행하는 업무와 방법에 영향을 미친다.

그것을 위해 내가 해야 할 것은?

자신감 상실에 대한 정답은 아주 간단하다. 그냥 날려버리는 것이다! 그런 부정적인 생각들을 지워버려라! 그러나 이것은 말보다 어렵다. 나의 경우에는 단순히 눈을 감고 깊은 숨을 들이키며 이미 내가 알고 있는 진실에 집중하면서 빠져나온다. "나는 이미 승리자로 태어났고 나는 챔피언으로 태어났다!"라고.

자신의 꿈이 모양을 갖추어가는 동안 자신의 능력을 의심하는 생각을 어떻게 다룰지 가끔 연습을 해야 한다. 집에서나 차 안, 학교나 대학 건물, 아니면 직장 화장실 거울 앞에서 자신의 모습을 보라. 그리고 이렇게 소리를 질러라.

"나는 승자다. 챔피언으로 태어났다. 승리했다, 승리!"

당신 스스로가 챔피언의 마음가짐을 가져라. 이것을 매일의 습관으로 만들어라.

당신이 어디로 가고 있는지 집중하라

자신의 열정과 갈망과 잠재력을 깨달으면 그것은 다른 사람이 내놓는 의견이나 과거에 저지른 실수들보다 훨씬 위대한 것이다.

20대 때 세상을 바라본 것처럼 50대 때도 바라보는 사람은 30년의 세월을 낭비한 것이다.
– 무하마드 알리

자신의 연약함을 깨닫고 미래와 그리고 꿈에 집중하라.

과거가 미래를 결정하게 하지 마라. 당신이 지나온 과거보다 훨씬 놀라운 미래를 맞게 될 것이다. 운전할 때 백미러를 보면서 길을 찾는 사람은 없다! 백미러를 보면서 운전하는 것은 너무 귀찮은 일이기 때문이다. 인생도 똑같다. 과거를 뒤돌아보면서 날지 마라. 대신 앞을 내다보고 달리되 내가 어디에서부터 왔는지, 그래서 내가 향하고 있는 것이 얼마나 감사한 것인지를 마음에 새기기 위해 가끔씩만 뒤돌아보라.

마무리하기

내가 주 대회 권투 준결승전에서 싸울 때 상대편 선수는 나보다 키가 작았지만 더 다부진 선수였다. 그가 나보다 훨씬 강해 보였다. 그래서인지 더 위협적으로 느껴졌다. 상대편 선수가 50회가 넘게 시합을 했다는 걸 들은 것도 아무 도움도 되지 않았다. 첫 라운드에서 나는 그 강한 팔로 내리치는 주먹을 피하려고만 했다. 몇 라운드가 지나자 나의 코치인 돈이 링에 올라와서 내 얼굴에 대고 꽤 엄하게 이렇게 물었다.

"이제 저 선수 다 쳐다봤지?"

그리고 돈은 내 키가 상대편 선수보다 더 크다는 것과 그것이 장점이 될 수 있다는 것을 일깨워줬다. 이 타이틀을 따기 위해서 나는 국가대표를 상대로 얼마나 많은 스파링 연습을 했던가? 내가 주저하는 이유는 무엇인가? 코치는 나를 믿고 내가 챔피언이 된 적이 있다는 것과 다른 여러 사실들에만 집중하도록 했다. 말할 필요도 없이 그 시합에서 나는 쉽게 이겼고 다음 날 결승전에 나갈 수 있었다.

tip

· 잠재되어 있던 능력은 우리가 배운 모든 것을 실행에 옮기겠다고 결정할 때 운동에너지로 변한다.

· 꿈을 실현시키는 것은 하룻밤에 되지 않는다. 열기구에 바람이 들어갈 때까지 기다려야 하는 것처럼 시간이 걸린다.

· 잠재력이란 우리가 여태껏 해보지 못한 것을 하게 해주는 모든 것이다.

· 의심은 행동을 무력하게 만든다. 의심을 무시하지 말고, 내가 이미 챔피언이고 그만한 능력이 있다는 사실을 가지고 정면으로 부딪쳐서 그것을 없애버려라.

로버트Robert는 운동선수 출신의 어린 소년이다. 항상 그는 자기가 멍청하고 어떤 것도 잘 해낼 수 없다고 말하곤 했다. 몇 년 후 우리 캠프에서 그는 참가자들과 함께 5년이나 10년 후 무엇이 되고 싶은지 그 꿈에 대하여 대화를 나눴다.

로버트는 회계사가 되는 게 꿈이지만 친구들이 항상 그가 공부를 반에서 가장 못했으며 수학도 잘 못한다고 놀려댔다고 했다. 캠프 프로그램 중의 하나로 우리는 오직 칭찬만 할 수 있고 결코 다른 사람이나 그들의 꿈을 깎아내리면 안 되는 것이 있다. 남자 아이들 모두는 로버트를 격려했고 우리 모두는 로버트가 할 수 있을 거라고 믿는다고 말했다.

로버트는 그런 긍정적인 경험을 가지고 누가 뭐라고 하건 간에 가슴으로 원하는 일을 할 수 있다고 믿기 시작했다. 다음 해 그의 성적은 그가 스스로를 믿는 것만큼 빠르게 올라갔다.

어쩌다 연락이 끊겨서 그의 근황을 알지 못하다가 최근에 우연히 만나게 되었다. 로버트는 우리에게 그가 직장을 구했을 뿐만 아니라 회

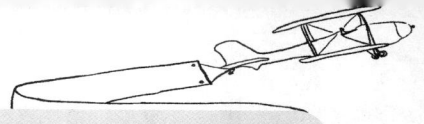

계사 자격증까지 있다고 말해줬다. 자기 사업을 시작했고 그게 꽤 성공적이어서 고소득 고객이 많다고.

당신의 꿈이 무엇이든 간에 어디로 날아가고 싶은지, 얼마나 높이 날고 싶은지, 그리고 그곳에 얼마나 빨리 도달하고 싶은지는 전적으로 당신이 결정하는 데 달려 있음을 잊지 않았으면 한다. 당신이 유일한 당신의 한계이다. 당신은 지금 얼마나 높이 날기를 원하는가?

Fly

12
폭풍 앞에서

싸움의 승패는 사람들이 보지 못하는 곳에서 이미 결정된다. 링 위에서 싸우기 훨씬 전에,
출발선에서, 체육관에서, 도로에서 승패는 이미 결정되는 것이다.
- 무하마드 알리

당신은
싸울 수 있다

우리는 지금 심장부에 있다. 우리는 올바른 결정을 해왔고 우리의 기본(곤돌라-유람선)은 튼튼하며, 주위에 좋은 사람들(지상 요원)이 있고, 꿈(캐노피)은 올바른 방향으로 향하고 있으며, 열정 또한 준비되어 있다. 연료는 충분하다. 우리는 자기불신을 극복해왔고 꿈을 시작했다! 그러나 전에 해본 적이 없는 일을 시도할 때 꾸준히 계속 한다는 건 얼마나 어려운 일인가?

기구를 계속 하늘에 띄우는 것은 어려운 일이다. 폭풍우에 직면했을 때는 더욱 어렵다. 이 세상에서 노력 없이 꿈을 이룬다는 것은 있을 수 없는 일이다. 당신은 꿈을 위해 싸워야만 한다. 그러나 좋은 소식은, 당신은 싸울 수 있을 뿐만 아니라 이길 수도 있다는 것이다.

나는 권투선수로서 그리고 운동선수로서 나의 경력을 기반으로 싸우는 것에 관해 몇 가지를 배워왔다. 이러한 것들은 당신이 훗날 만날지도 모르는 폭풍을 극복하는 데 유용하게 쓰일 원칙들이고, 그것은 매일 실천할 수 있는 것이기도 하다.

> 상상할 수 있다면 이룰 수 있고 꿈꿀 수 있다면 꿈은 현실이 될 수 있다.
> - 윌리엄 아서 워드

카운트 아웃
당하다

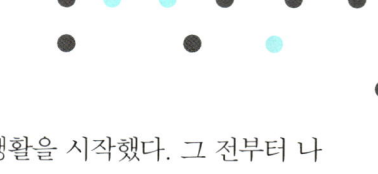

나는 열여덟 살 때 권투 선수로서의 생활을 시작했다. 그 전부터 나는 싸우고 싶었지만 어머니는 허가서에 사인해주지 않으셨다. 난 내가 스스로 허가서에 사인할 수 있을 때까지 기다려야 했다. 작은 지역 체육관에서 거의 열두 달 동안 훈련을 받은 후에 마침내 시합에 나갈 기회를 얻었다. 나 자신을 증명할 시간이었다.

나는 지역 클럽에서 약 500명의 사람들 앞에서 싸웠다. 나는 말랐고 181cm에 60kg 경량급이었다. 나의 상대는 세 번을 싸워서 세 번 KO승을 거둔 경력이 있었다. 그는 또한 나보다 5kg 정도 더 나갔다. 나는 이 차이가 큰 의미가 없다고 생각했고 코치는 무게 차이에도 불구하고 경기에 동의했다. 그것이 문제가 되지 않을 거라고 말하면서 말이다.

링에 올라섰을 때는 무척이나 떨렸다. 트레이너들과 친구들, 아버지와 나의 형제가 모두 거기에 있었다. 나는 뜨거운 양철 지붕 위의 고양이 같았다. 우리는 서로 소개를 받았고 글러브로 인사를 했으며 벨이 울리기를 기다렸다. 벨이 울렸다. 서로를 향해 움직였다. 그다음 나도 모르는 사이에 나는 매트 위에 누워 있었다! 나는 "내가 여기 누워서 무얼 하고 있는 거지? 일어나!" 하고 생각했다.

나는 내가 할 수 있는 한 빠르게 발을 움직이며 잠시 어리벙벙했지만 다시 싸울 준비를 했다. 다소 약하게 시작했지만 몇 번의 훌륭한 직선 샷을 가했고 상대의 코에서 피가 났다. 그의 코에서 계속 피가 났다면 경기는 중단되어야 했을 것이다.

두 번째 라운드에서 그의 코를 조준하여 공격을 했다. 나의 반복되는 공격에 그는 다시 피를 흘리기 시작했다. 나는 이 싸움에서 이겼다는 생각을 했다. 그러나 그러면서 나는 좀 자만했던 것이다. 내가 나의 방어막을 내리는 순간 상대는 나를 무참히 무너뜨렸다. 다음 기억은 손가락이 몇 개냐고 물어보는 의사와 이야기를 하고 있었다는 것이다. 창피하고 치욕스러웠다. 그날 밤 권투를 그만두었다. 3년 동안 나는 체육관에 들어가지도 않았다.

fly 정직하게 그리고 용기 있게 삶을 직면한다면 사람들은 경험을 통해서 자랄 수 있다. 성품은 이렇게 만들어지는 것이다.
– 엘리너 루스벨트

링으로
돌아가라

패배는 삶의 폭풍 중 하나다. 나는 패배로부터 겸손해지는 교훈을 얻었다. 권투에서 숨을 곳은 어디에도 없다. 제대로 훈련받지 않았거나 순간의 감정에 압도당하는 선수는 반드시 그 대가를 지불하게 된다. 이는 삶에서도 마찬가지다. 물론 잠시 숨을 수도 있고, 꿈을 향해 나아갈 수도 있지만, 만약 기초를 관리하지 않았고 성품을 개발하기 위한 노력을 해놓지 못했다면 결국 무너지게 된다. 나는 그 시합을 위해 죽을힘을 다해 훈련하고 필요한 비용도 지불하고 건강 진단도 받았지만 기초를 강하게 하기 위해 해야 할 모든 것을 하지는 못했다. 나는 겸손과 집중의 중요성을 잊었고, 그래서 결국 자만심으로 인해 시합에서 질 수밖에 없었던 것이다.

그 시합에서 진 것이 너무 부끄러운 나머지 체육관 트레이너, 코치, 실전 연습 상대를 비롯하여 모든 사람들과 연락을 끊었다. 정말 부끄러웠다. 오랫동안 그 시합에 대해 전혀 언급하지 않았다. 스물한 살이 되었을 때쯤 내 건강 상태는 형편없이 약해져 있었다. 주 대표 수영 선수, 네 차례의 주 대표 서핑 구조원 우승에, 주 대표 럭비 선수이며 주

후원 서핑 선수였던 내가 50미터도 채 완주할 수 없는 사람으로 전락해버렸다. 그 사이에 테리사를 만나서 결혼했고 아내는 우리의 첫 아이인 한나를 임신했다.

나는 이런 내 모습에 혐오감을 감출 수 없었다. 그러나 내 안에 무언가가 나에게 다시 한 번 일어나라고, 아직 해야 할 일이 있다고 말했다. 결국 나는 선택을 할 수밖에 없었다. 슬픔에 빠져 있든지, 아니면 이것을 해결하기 위해 무언가를 하든지. 그래서 나는 지역 체육관에 다시 가서 정기적으로 운동을 하며 체력을 되찾기로 결정했다.

그때 나는 새로운 지역으로 이사 가 있었던 상황이었다. 내가 전에 권투를 했다는 것을 아는 사람이 없었다. 그래서 난 한 권투 체육관에 가보았다. 나는 체력을 훈련하기 위해 아침 운동 그룹에 참여하는 것 외에는 어떤 것도 하지 않았다. 권투 팀 시합은 우리 뒤에 훈련했다.

첫 번째 수업이 끝나고 트레이너가 희망하는 사람에게 스파링 연습을 해주겠다고 했다. 대략 나만한 체격의 어린 사람이 걸어 나왔고 나도 한번 해볼 만하다는 생각이 들었다. 그때까지도 전혀 엉망이 되지 않았던 한 가지는 싸우고 싶어하는 나의 욕망이었다. 열악한 체력을 보아하니 장기전은 힘들겠다 싶어 난 재빠르게 강한 펀치 몇 개를 날려 상대를 제압했다. 내 연습 상대는 머리보호대를 쓰고서도 곧 코에서 피를 흘렸다. 권투 선수로서의 나의 강점은 정확성이었다.

그때 한 건장한 목소리가 체육관에 울렸다.

"링에서 나오시오!"

나는 그 목소리가 나에게 말하는 것이라고 생각해서 재빨리 줄 사이로 링을 빠져 나갔지만 그 목소리는 계속해서 이렇게 말했다.

"당신 말고. 당신은 그대로 있고 다른 애를 내보내."

그 목소리의 주인공은 열일곱 번 오스트리아 선수들의 권투 코치를 맡았던 로스 윌리스Ross Willis였다. 그는 55kg의 아이를 링에 내보내고는 "3라운드만 해봐."라고 말했다.

나는 내 몸 상태가 시합하기엔 부적하다고 저항했지만 로스는 전혀 개의치 않았다. 생각해보면 우리는 바라는 무언가를 이룰 수 있는 기회에 직면했을 때 핑곗거리를 찾고 자기의 약점들을 강조하는 경향이 있다. 이것은 우리의 불안정성에서부터 오는 것이기 때문에 이때 능력에 초점을 맞추고 앞으로 전진함으로써 자기 앞에 놓인 기회를 포착해야 한다.

나는 로스의 요청대로 3라운드를 버텨냈다. 완전 기진맥진하게 된 나에게 로스는 방금 나와 실전 연습을 했고 내 공격 때문에 입술이 찢어진 그 젊은 사람이 54kg급 국가 챔피언이었다는 것을 알려주었다! 또 이제부터는 그 누구도 아닌 바로 로스 자신이 나와 훈련하게 될 거라고 말했다. 그로부터 3개월 후 나는 시합을 위해 다시 링에 올라가게 될 것이었다. 재기의 기회는 내가 더 이상 나의 부끄러움으로부터 달아나려고 하지 않고 새로운 기회를 향해 눈을 돌린 순간 찾아왔다.

fly

우리의 가장 큰 약점은 포기하는 데 있다. 성공하기 위한 가장 확실한 방법은 한 번만 더 노력하는 것이다.

- 토머스 에디슨

폭풍은 다양한
모양과 크기로
다가온다

로스와 함께 훈련을 하며 처음 출전한 경기에서 승리를 했다. 그 이후 두 번의 주 시합에서 은메달을 따게 됐다. 이때쯤 테리사는 우리의 두 번째 아이인 조시를 출산하여 나는 가족과 함께 있어야 했다. 결국 권투를 그만둘 수밖에 없었지만 어떻게 해서든 스포츠와의 연을 이어 가고 싶었다. 나에게는 여전히 시합을 향한 열정이 있었고, 그보다 난 내 자신을 증명하고 싶었다.

내가 이렇게 스스로를 증명하고 싶어하는 욕망을 가지게 된 것은 자라는 동안에 아버지로부터 칭찬을 듣지 못했기 때문이라고 생각한다. 아이 때 아버지나 어머니로부터 칭찬을 받지 못하면 다른 곳에서 칭찬을 찾아 헤매게 된다. 내가 만나본 많은 사람들은 여전히 운동을 통해서나 성공적인 사업, 또는 공부를 잘함으로써 부모님에게 무언가를 증명하려고 노력하고 있다. 나에게는 그것이 운동이었다.

권투 장갑을 내려놓았지만 여전히 운동을 하고 싶은 마음을 가지고 있었던 어느 날 지역 신문의 럭비 리그 면에서 지역 메트로폴리탄 컵 Metropolitan Cup에 관한 기사를 보았다. 내가 리그에서 운동했던 건 꽤 오래전 이야기지만 나는 이 기회를 탐험해보기로 결심했다.

훈련은 그해 10월 말에 시작했다. 우리는 몇 번의 시범 시합과 아홉 번의 정식 시합을 치렀다. 그런데 그 후 선수들의 급여 문제 때문에 몇몇 선수들이 클럽에서 나가야만 했는데 그 중 하나가 나였다. 실망스러웠지만 더욱 기분 나빴던 것은 나와 함께 훈련을 받고 시합에서 뛰었던 선수들 중 다섯 명이 클럽에 남게 된 것이었다. 그것은 한 번 더 나를 좌절시켰다. 그 후 나는 동네 A급 팀에 합류했지만 그 팀은 팀 단결력이 매우 약했고 자존감도 낮았다. 우리는 한 게임도 이기지 못했다. 약속된 돈도 한 푼도 받지 못했기 때문에 시즌이 끝나기 전에 그 팀을 떠나야 했다.

삶이 점점 더 나를 비참하게 만드는 것만 같았다. 내가 무언가를 시도하면 어느 정도까지는 가지만 결국 꼭 실패를 하는 것처럼 느껴졌다. 나는 왜 내가 군이 싸워야만 하는지에 대해서도 의구심을 갖게 되었다. 내가 손 대는 모든 것은 다 수포로 돌아가는데 말이다. 그러나 주 권투 타이틀전이 다가오고 있었고 한 번 더 출전해보기로 결정했다.

fly 실패는 다시 시작하는 기회일 뿐이고 이번엔 좀 더 현명하게 하면 되는 것이다.

– 헨리 포드

주 챔피언이
되다

건강이 안 좋은 상태였음에도 불구하고 로스는 예비 시합을 위해 나를 지도해주기로 했다. 나는 시골의 작은 토너먼트에 출전했는데 심판의 판결은 터무니없었다. 내 상대는 멍이 들고 피를 흘리고 있었으나 나는 그렇지 않았으니 니가 상대방보다 더 많은 공격을 했다는 점은 명백했다. 그러나 심판은 무승부 판정을 내렸다. 그 경기는 코치로서 로스의 마지막 경기였기 때문에 로스에게 승리를 안겨주고 싶었는데….

로스는 자신보다 더 많은 것을 나에게 가르쳐줄 수 있는 코치를 소개시켜 주겠다며 나를 돈 애브닛Don Abnet에게 데려갔다. 나는 돈의 체육관에 등록하고 주 타이틀전을 위해 최선을 다해 훈련했다. 우리는 남부 지역 예비 시합 토너딘트에 참석했다. 여덟 번째 시합에서는 심판의 무승부 판정을 받았는데, 상대는 모든 전문가들이 나를 이길 수 있다고 장담한 사내였다! 그 시합은 그 선수의 154번째 시합이었다. 그리고 나서 2주 후 나는 주 타이틀전에서 승리했다. 나는 63.5킬로그램 부문에서 1998년 주 챔피언이 되었다.

금메달을 목에 걸었을 때의 황홀한 느낌이란 형용할 수도 없다. 바로 그때 난 내가 왜 여태까지 싸워왔는지 알게 되었다. 비록 순간이었지만 여태까지의 모든 고난, 실패, 실망이 사라지는 것을 느낄 수 있었다. 한 번만 더 일어나서 계속 싸우면 승리는 결국 얻어지게 마련이다. 앞으로의 모든 폭풍을 이기고 계속 싸워나간다면, 꿈을 이루어진다.

다른 챔피언의 이야기

나의 좋은 친구인 폴 브릭스Paul Briggs는 이 책의 메시지대로 인생을 살고 있는 사람이며 여러 차례 힘겨운 폭풍우를 지나온 남자다. 브릭스는 세계 킥복싱 챔피언이고 WBC 라이트급과 헤비급 챔피언이다. 전에는 '허리케인'으로 불리던, 폴 '파이어 파워' 브릭스는 굉장히 현명한 사람이다. 그와 함께 조금만 시간을 보내도 그가 평범한 권투 선수가 아니라는 것을 알게 된다.

브릭스는 폭력적이고 알코올 중독자인 아버지 밑에서 자랐다. 어린 시절 그는 어린아이가 절대 경험하지 말아야만 하는 것들에 노출되어 있었다. 그는 성적으로 학대받았고, 심지어 한 마디도 알아들을 수 없는 언어를 사용하는 나라에 훈련을 받기 위해 보내졌으며, 아버지에게 끔찍하리만큼 억압받고 조종당했다. 게다가 그는 항상 챔피언이 될 것으로 여겨졌던 형의 들러리 역할도 해야 했다. 브릭스는 이 모든 것을 극복하고 세계 타이틀을 따냈다. 그러나 그러고 나서 광란의 깊고 어두운 세계에 빠졌고, 파티에서 춤을 추고 마약을 하며 험악한 사람들과 어울리다 결국엔 그들의 일원이 돼버렸다. 브릭스가 지금 살고 있는 삶보다 훨씬 더 나은 삶을 살 수 있다는 것을 깨달았을 때는 이미 인생의 밑바닥을 달리고 있었다.

그러나 그 후 그는 몇 가지 어려운 결정들을 내렸고 자신의 행동에 책임을 졌으며 삶의 방향을 바꾸었다. 폴 브릭스는 이제 세계적인 프로 선수이며, 시합에 나갈 때마다 5천만 명 이상의 미국 TV 시청자들이 열광하는 사람이다. 그에게는 두 명의 예쁜 아이들이 있고 그가 가는 곳마다 함께하기를 원하는 스폰서들이 줄을 서고 있다.

그는 포기하지 않고 다시 한 번 일어났으며 성공을 위해 싸웠고 지금도 싸우고 있는 사람의 가장 좋은 예다. 그는 진정한 챔피언이다. 그에 대해 더 알고 싶다면 그의 저서인《영혼의 불을 태워라: 폴 브릭스의 여정 Heart Soul Fire: Journey of Paul Briggs》을 읽어보기 바란다.

다섯 가지 P를 사용하여 폭풍과 싸우는 법

성공의 가장 큰 요인은 바로 준비다. 다음은 내 삶의 모든 부분에 적용하는 규칙이다.

Proper(적절한)

Preparation(준비)

Prevents(예방)

Poor(가난)

Performance(결과)

"Proper preparation prevents poor performance(적절한 준비는 불만족스러운 결과를 예방한다)." 이것은 당연한 것처럼 들릴 수도 있지만 어쨌든 입으로 확실하게 말하는 것이 좋다. 만약 서프보드에 핀을 고정하지 않고 왁스칠을 하지 않는다면 다음에 서핑을 갈 때는 최악의 시간이 될 것이 당연하다. 십중팔구 핀이 떨어져 보드를 조정할 수도 없을 것이고 왁스칠도 하지 않았기 때문에 보드에 올라타지도 못할 것이다.

만약 당신이 어떤 부분에서 잘하고 싶다면, 즉 관계·사업·학교 시험·스포츠 경기 아니면 단지 스케이트냐 서핑이냐를 선택하는 것 등에 성공하고 싶다면 준비를 해야만 한다. 주말 드라이브를 가려고 단 몇 분 만에 결정해서 새 스포츠카를 산다고 생각해보라. 당신은 곧 반짝이는 새 스포츠카를 밀고 있는 자신을 발견하게 될 것이다.

열심히 훈련하고, 쉽게 싸워라.

– 폴 브릭스

자신을 존경함으로써 다른 사람을 존경하라

나는 여러분이 이 책을 진심으로 받아들이기를 원한다. 또 당신이 당신의 가치를 깨닫기를 원한다. 일단 당신이 얼마나 귀한 존재인지를 깨닫는다면 스스로를 존경하는 법을 배우게 된다. 폭풍과 싸울 때 스스로를 존중하는 것은 귀중한 도구가 된다. 자기 자신을 존중하는 것은 다른 사람도 존중할 수 있음을 보여주는 일이기도 하다.

사장, 코치, 혹은 이성에게 좋은 인상을 주고 싶다면 상대방을 만나기 전에 당신이 쏟아 부은 노력을 통해 존중이 가장 잘 드러난다는 것을 명심하라. 취업 인터뷰에 가는데 아디다스 운동화, 푸부 자켓, 최신 리복 운동화를 신고 가겠는가? 인터뷰를 하러 들어가는데 모자는 삐딱하게 쓰고 피우다 만 담배를 입에 물고 속옷이 다 보이는 차림으로 들어가겠는가? 그런 차림은 친구들과 시간을 보낼 때라면 몰라도 인터뷰에서는 안 된다.

만약 한 여성에게 감동을 주려고 한다면, 노력하라. 제발 신사가 되어라. 따를 수 있는 기준을 세워라. 여성을 얼마나 존중하는지를 보면 스스로를 얼마나 존중하는지가 보인다. 사람들로부터 존중받기를 원한다면 당신이 먼저 존중해주어야 한다. 씨를 뿌리지 않고서는 거둘 수 없다. 토마토를 원한다면 토마토를 심어라. 존중을 원한다면 존중을 심어라.

여성들이여, 내가 절대 당신들을 잊었다고 생각하지 말길. 중요한 커리어 선택을 할 때 당신의 가치를 존중하라. 당신 스스로를 값싸게 팔지 마라. 항상 자신의 능력을 믿어라.

이것은 스포츠에도 적용된다. 당신이 나라를 대표하게 되든지, 지역 시합에서 우승하기를 원하든지 간에 남보다 뛰어나기를 바라고 할 수 있는 한 최고가 되기를 바란다면 자신의 가치를 믿고 당신으로 인해 팀에 전달될 수 있는 가치를 믿어라. 당신으로 인해 시합의 수준이 높아질 것을 믿어라. 스스로를 가치 있게 여겨라!

만약 완벽한 이상형을 찾고 있다면 가장 빠르고 좋은 방법은 자기 스스로를 존경하는 것이다. 당신은 존중받을 만한 가치가 있고 특별하며 소중하고 영광을 받을 만하다. 그러니 당신 스스로를, 그리고 당신의 몸을 영광스럽게 여겨라. 만약 어떤 남자가 그의 시간을 투자하여 당신의 애정을 얻으려고 노력하지 않고 당신을 존중하지 않는다면 절대로 시간을 내주지 마라. 그는 당신의 우정을 받을 만한 자격이 없다.

가타카의 프리맨

10년 전에 〈가타카Gattaca〉라는 영화를 봤다. 이 영화는 사람들이 자신의 아기를 스스로 디자인할 수 있는 세계의 이야기다. 완벽하지 않은 유전자와 유전적 결함은 완벽한 아기를 만들기 위해 시험관을 거쳐 모두 제거된다. 얼마나 편리한가!

영화에서는 기존의 방식으로 임신된 아기는 '무효한in-valid' 아이라고 부른다. 이 영화의 주인공 에단 호크는 마지막 무효 아기 중의 한 명인 빈센트 프리맨이라는 인물을 연기한다. 그는 가타카 우주 회사에서 우주 비행사가 되는 꿈이 있지만 약한 심장을 가지고 태어났기 때문에 받아들여지지 않는다. 그러나 빈센트는 결코 희망을 포기하지 않는다. 그는 차 사고로 불구가 된 '유효한valid' 사람과 거래를 하여 그의 신용을 도용함으로써 우주 프로그램에 가입하는 방법을 알아낸다.

빈센트에게는 유효한 인간인 남동생 안톤이 있는데 그는 경찰이다. 안톤은 우주 프로그램 보안 시스템에 파손이 생긴 것을 조사하다가 자신의 약하고 무효한 형이 우주 프로그램에 대공세를 펴고 있다는 것을 발견한다. 두 형제는 자라면서 수영 시합을 하곤 했는데 강한 심장을 가진 안톤이 항상 이겼다. 수영 시합은 담력 테스트와 비슷했다. 해안가에서 가능한 한 멀리, 그리고 가능한 한 가장 빠르게 수영하다가 먼저 포기하고 돌아오는 사람이 지는 것이다. 그러나 빈센트는 한번 힘세고 어린 동생을 이겼고 그들은 그 후에는 다시 시합을 하지 않았다. 그런 안톤이 우주 프로그램에 들어가려는 형의 계략을 발견하게 된다. 안톤은 형이 가타카 우주 항공선에 타서 우주에 날아가고자 하는 평생의 꿈을 막기 위해 개입한다.

빈센트는 결국 자신이 우주 비행사가 될 수 있음을 입증하기 위해 마지막으로 바다에서 한 번 더 수영 시합을 하자고 동생에게 도전한다. 두 형제는 수평선을 향해 나아간다. 하지만 점점 안톤이 뒤처지기 시작한다. 빈센트는 동생에게 여러 번 포기할 것을 권한다. 결국 동생은 포기하고 경주가 끝난 후 어떻게 형이 자신을 이겼는지 알고 싶어 안달이 난다. 형의 대답은 놀랍다.

"나는 다시 돌아올 힘을 하나도 남기지 않았어."

자신의 가치를 증명하기 위해 빈센트는 물에 빠지는 것도 감수했던 것이다. 그의 꿈은 싸울 만한 가치가 있었던 것이다.

fly 평범한 사람들은 맹목적으로 틀에 박힌 편견을 따르는 것을 거절하고 대신에 자신의 의견을 용기 있고 정직하게 표현하기를 선택하는 사람을 이해할 수 없다.
- 알베르트 아인슈타인

꿈을 위해 싸우는 것은 가치 있다. 당신은 그럴 만한 가치가 있는 사람이기 때문이다. 그리고 느가 알겠는가, 에이브러햄 링컨처럼 당신 또한 역사를 만들지.

1809년, 켄터키에서 태어난 링컨은 변호사가 되기 전에 평저선의 뱃사람으로 시작하여 우체국장, 상점 직원, 검사관, 철도 직원 등의 많은 직업을 거쳤다. 1830년에는 사업에 실패했고, 1832년에는 일리노이 주 의원 선출 시도에 실패했으며, 1833년에 다시 한 번 사업에 실패했다. 1834년에 링컨은 일리노이 주 의회 의원에 선출되는 데 성공하지만 2년 후 신경쇠약을 겪는다. 1838년에는 하원 의장 후보로 거론되었지만 실패했고, 다시 5년 후에 상원 후보로 올랐을 때도 실패했다. 그러나 이 남자는 꿈을 포기할 줄 몰랐고, 1846년에 상원으로 선출된다. 그러나 1848년에 상원 재선 실패의 고배를 마신다. 그 후 1849년에 총토지국 국장으로 임명될 뻔하다 실패한다. 1854년에 미국 상원위원 선거에서 패배하고 1856년에는 부통령 후보 선출에 실패하고 1858년에 다시 한 번 상원위원 선거에서 패배한다.

그러나 1860년, 에이브러햄 링컨은 미국의 제16대 대통령이 되었
다. 그가 공식적으로 교육을 받은 기간은 통틀어 1년밖에 되지 않았다.

다음 세대들은 이런 사람이 실제로 존재했다는 사실을 믿기 어려워할
것이다.

– 알베르트 아인슈타인

tip

· 당신은 꿈을 가로막는 폭풍을 충분히 극복할 수 있다.

· 챔피언은 KO되지 않는 사람이 아니다. 한 번 더 일어나는 사람이다.

· 적절히 준비한다면 불만족스러운 결과를 피할 수 있다.

· 자신을 존중하지 않는다면 그 누구로부터도 존중받을 수 없다. 당신이 스스로를
존경한다면 다른 사람들도 역시 그럴 것이다.

· 우리는 과거에서 우리의 미래를 위한 교훈을 찾을 수 있다.

윈스턴 처칠Winston Churchill은 제2차 세계대전에 관해 여섯 권의 방대한 책을 썼다. 그는 그 첫 번째 책을 《The Gathering Storm》이라고 이름 붙였다. 제2차 세계대전이라는 풍풍을 제외하고서도 처칠은 평생 많은 폭풍에 직면했다.

1874년에 태어나 샌드허스트에 있는 왕립군사학교에 입학한 처칠은 인도의 북서부 경계선과 수단에서 벌어진 전투에 참여하면서 인생의 첫 번째 큰 폭풍을 만난다. 그는 보어전쟁 당시 기자로 일하다가 적군에게 붙잡혀 전쟁 포로가 되는데 이것이 두 번째 폭풍이다.

1900년에 처칠은 의회의 보수당원이 되었지만 1904년에 토리당의 지지를 잃고 자유당에 합류하면서 또 다른 폭풍에 직면하게 된다. 자유당은 1905년 선거에서 이겼고 처칠은 식민지관리부 차관으로 지명되었다. 항상 말보다 행동을 중시했던 처칠은, 1908년, 상공회의소 소장으로 내각에 들어갔고 1910년에 내무장관이 되었다.

다음 해에 그는 해군 장관이 되었다. 제1차 세계대전이라는 폭풍이 상륙하기 전까지 이 위치에 있었으나 다르다넬스 해협 패배의 책임을 안고 사임한다. 그 후 처칠은 서부전선에 잠시 있으면서 군대에 합류했다. 1917년, 그는 군수장관으로 정부에 복귀했다. 1919년부터 1921년까지 그는 국무장관이었고 1924년부터 1929년까지 재무장관을 역임했다.

그 후 10년 동안에도 처칠은 끊임없는 폭풍에 직면해야 했다. 인도자치 반대, 에드워드 8세 지지 등으로 처칠의 인기는 계속 떨어졌고 이 때문에 나치 독일의 부상을 대비해 영국이 다시 무장해야 한다는 그의 주장은 무시되었다. 그러나 1939년에 전쟁이 발발하자 처칠은 다시 해군 장관으로 임명된다. 그리고 그 후 1940년 5월에 영국의 수상이 되었다. 그의 인생에 최대의 폭풍에 직면하게 된 것이다.

처칠은 나치 독일에 굴복하기를 거부하여 온 영국민에게 희망을 주었다. 소련과 동맹을 유지하면서도 미국의 루스벨트 대통령과도 강력한 협력 관계를 형성했다. 1945년에 권력을 잃었지만 반대당의 리더로 남았고 1951년에 다시 한 번 권력을 되찾았다. 1953년에는 노벨 문학상을 받았다. 그는 1955년에 국무총리를 사임했지만 1965년에 죽기 얼마 전까지도 국회의원으로 일을 계속 했다.

Fly

13

쉬지않고, 끝까지 날아라

후회를 안고 사는 것보다 더 고통스러운 것은 없다.
- '두려움의 옷을 벗어던지고' 회사

집중하되
물러나지
않기

우리 삶에 있는 많은 기회와 위협, 유혹 그리고 환상은 꿈에 집중하는 것을 방해한다. 내가 당신에게 주고 싶은 작은 충고는, 끝까지 정도를 걸으며 자신을 이끄는 것에 집중하라는 것이다. 돋보기를 통과한 햇빛이 산에 불을 낼 수도 있다. 집중에는 이런 힘이 있다. 당신의 꿈에 온 마음과 정신을 집중하면 원하는 것을 해낼 수 있다.

다음으로 내가 말하고 싶은 것은, 물러나지 말라는 것이다. 〈가타카〉의 빈센트 프리맨처럼 배수진을 쳐라. 꿈을 향해 가고 가지고 있는 모든 것을 그 꿈에 걸어라. 모든 것을 투자했을 때에야 비로소 자신이 얻은 것을 즐기게 된다.

인생은 결코
쉬워지지
않는다

젊은 사람들에게 나이가 들면 좀 더 쉬워질 거라고 말하는 사람들이 있다. 나는 그 말이 너무 싫다. 얼마나 바보 같은 소리인가! 삶은 당신이 나이가 들어가기 때문에 쉬워지는 것이 아니다.

학교에서 숙제를 하지 않았다면 가장 혹독한 벌을 받아 봤자 방과 후 학교에 남는 것이다. 그러나 만약 대학에서 과제를 해오지 않으면, 물론 중고등학교 때와 같은 벌은 없지만, 꿈을 이루기 위해 필요한 최소한의 자격을 얻지 못할 수도 있다.

일터에서는 어떤가? 간단하다! 그곳에서 게으름을 피운다면 그 결과는 "잘 가, 아가, 나중에 보자."란 말이 될 것이다. 사장은 당신이 알아듣기 쉽게 나가는 문을 보여줄 것이다! 그러면 많은 꿈들을 복지비로 살아가는 가운데 이뤄야 할 것이다.

자신의 꿈을 이루는 사람 치고 게으른 사람을 본 적이 없다. 그러니 지금부터 일하기 시작하라. 아무리 기다려도 결코 쉬워지지 않을 것이다.

> 복종하는 법을 배워 본 적이 없는 사람은 좋은 지휘관이 될 수 없다.
> - 아리스토텔레스

나이가 들면 해야 할 일은 더 많아진다. 진심으로 말하지만 결코 쉬워지지 않는다. 그러나 점차 책임에 익숙해지게 될 것이다. 목표와 꿈을 이루기 위해 당신은 성장해야만 한다. 그 성장하는 속도는 당신에게 달려 있다. 당신은 이 모든 것을 선택할 수 있고 그것은 꽤 멋진 일이다. 나이가 들어가도 계속 어리고 경험이 없고 책임감이 부족한 사람일 수도 있고 아니면 용기를 내서 그런 수준에서 벗어나 꿈을 위해 살 수도 있다. 그러나 즐겁게 하길 바란다. 더 높이 올라갈수록, 더 어려운 문제들이 생길수록 보람도 더욱 크다.

fly

인간의 평가를 위한 궁극적 잣대는 안락하고 편한 순간의 모습이 아니라, 도전과 역경을 맞을 때에 서 있는 모습이다.
– 마틴 루서 킹 주니어

삶은 거칠다. 이것 또한 당신이 만든 것이다. 무슨 말을 하는 건지 한번 추측해보라. 실제 세상에서는 나쁜 사람에게 좋은 일이 일어나기도 하고 좋은 사람에게 나쁜 일이 일어나기도 한다. 그것은 누구의 잘못도 아닌 그저 삶의 모습이며 우리는 그 중간에 서 있는 것이다.

우리는 스스로 진로를 세울 수도 있고 바람에 따라 이리저리 끌려 다니다가 어디든 이끄는 데로 갈 수도 있다. 그렇게 하는 것은 쉽다. 거친 바다에서 바람으로 항해하는 것은 우리의 모든 기술과 용기가 필요한 일이다. 연못에만 배를 띄운다면 좋은 항해사는 되지 못한다.

넓은 바다에 나가 폭풍우를 만나서 삶이 당신에게 내던지는 도전을 받아라. 당신은 할 수 있다!

나는 사람을 믿는다. 나는 우리가 무엇을 겪었든지 간에 우리 모두 위대하다고 생각한다. 우리는 삶에 어떻게 접근할 것인지에 관한 선택권을 가지고 있다. 불평만 할 것인가, 승리할 것인가? 그것에 유일하게 대답을 할 수 있는 사람은 바로 당신이다. 그러니 현명하게 선택하라! 모든 사람들은 불행에 직면해 있다. 당신은 그것을 속으로 삼켜버릴 수도 있고 새로운 차원의 삶으로 들어가는 새로운 단계로 끌어올릴 수도 있다.

> 누군가 만들어놓은 길로 가지 말라. 대신에 길이 없는 곳에 가서 길을 만들라.
> – 헤럴드 R. 맥애린던

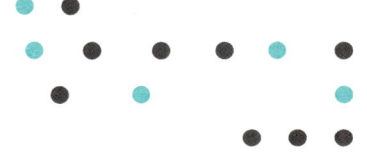

쓰레기와 비료

삶은 늘 통제할 수 있는 것이 아니다. 어떤 이들은 모든 것을, 또 주변 사람들을 통제하려고 무진 애를 쓴다. 하지만 그들의 노력은 헛된 것이다. 그러나 당신이 완전히 통제할 수 있는 것이 한 가지 있다. 그것은 자기 자신의 자세이다. 자세는 삶에 반응하는 방법과 행동에 영향을 미치고 성공할 수 있게 하기도 한다. 인생이 당신에게 하나의 레몬을 건네주었다면 당신은 그것을 삼키겠는가? 아니면 차갑고 맛있는 레몬에이드로 만들겠는가? 그 선택은 당신의 것이다.

> 다른 사람을 확신시키기 위해서는 자신이 먼저 확신을 해야 한다.
> - 토머스 카릴

삶은 때때로 잡초더미일 수도 있다. 부정적인 일들이 마그 생길 수 있다. 그러나 올바른 태도를 가지고 있다면 당신의 그 경험이 부정적이었든 긍정적이었든 삶에서 원하는 것을 이루기 위해 사용할 수 있게 된다. 마치 건물의 벽돌과 같이 말이다.

잡초더미가 쏟아질 때 어떻게 할 것인지는 당신의 몫이다. 불평하면서 내 인생을 쓰레기같이 만든 사람을 찾으며 울부짖겠는가? 썩어가는 잡초의 한 부분이 되겠는가? 다른 선택이 있다. 그것을 퇴비로 만들어 그 위에 가장 아름답고 가장 화려한 장미를 자라게 할 수도 있다.

　그래서 어떻게 사용하겠는가? 쓰레기인가, 비료인가? 모든 경험이 당신에게는 가치가 있는 것으로 만들어라. 그것으로부터 배워라. 만약 실수를 하게 됐다면 그것을 다시 반복하지 마라. 대안을 생각하라. 얼마나 큰 승리를 경험했든, 영혼을 파괴하는 패배를 맛보았든, 그 경험으로부터 배워라. 당신이 이미 얼마나 많은 경험을 했는지 아마 당신은 깨닫지 못하고 있을 것이다.

이 세상
모든 것을
경험하라

우리의 모든 경험이 직접 행동함으로써 얻어지는 것은 아니다. 우리는 주변에 일어나는 일을 보고 경각심을 가질 수 있다. 나는 당신이 반응하는 삶보다는 오히려 예방하는 삶을 살도록 힘을 불어넣고 싶다. 긍정적인 사람이 아니라면 긍정적인 사람이 되기 위해서, 지금도 긍정적이라면 더욱 긍정적인 사람이 되기 위해 노력하고 수양하라. 그것은 다른 운동 연습처럼 잘못하면 다칠 수 있는 그런 훈련이 아니다. 오히려 정말 재미있는 것이다.

삶은 바이킹 요리다. 인생은 놀라움과 모험으로 가득 차 있다. 세상은 놀라운 사람과 개성들 그리고 다양한 경험으로 가득하다. 그저 가감 없이 받아들여라. 나는 'All You Can Eat'라는 식당에 갔을 때 그것을 'More Than You Can Eat'로 해석하곤 했다. 우리는 이렇게 삶을 바라볼 필요가 있다. 세상으로 나가서 먹을 수 있는 이상으로 먹자. 우리가 할 수 있는 모든 경험을 해보자! 인생에서 우리가 할 수 있는 것들을 경험해보고 최선의 것을 선택하는 게 어떻겠는가?

> 상상이 지식보다 더 중요하다. 지식은 제한적이지만 상상은 세상을 둘러싸고 있다.
> – 알베르트 아인슈타인

질투나 용서치 않는 마음을 가지고 살기에 삶은 너무 짧다. 그리고 우리 삶은 오직 한 번뿐이다. 큰 접시를 꺼내 다양한 경험으로 가득 채워라. 당신이 더 이상 먹을 수 없을 때까지 먹고 그 이후에 디저트도 먹자. 삶의 맛은 굉장히 다양하다. 지금까지 해보았던 모든 것을 좋아할 수는 없을지 모르지만, 맛을 보기 전에 어떻게 좋아하게 될지를 알 수 있겠는가?

곰팡이가 핀 빵과 더러운 물로 한 끼 식사를 때워야 한다고 생각하는 사람이 되지 마라. 할 수 있는 건 아무것도 없고 나는 거지에 지나지 않는다는 잘못된 생각을 가진 죄수가 되지 마라. 친구들이여! 당신은 위대함을 위해 태어났다. 당신은 인생의 통치자이다. 운명을 당당히 밟고 일어나서 당신의 잔을 마셔라. 계속해서 당신이 먹을 수 있는 이상 먹으며 살아라. 그대가 가진 것을 최대한 활용하라.

tip

· 집중에는 힘이 있다. 태양빛을 하나의 초점으로 맞추면 큰 불을 일으킬 수도 있다.

· 나이를 더 먹어도 삶은 쉬워지지 않는다. 당신이 할 수 있는 모든 것을 하라, 지금 당장!

· 어떤 경험을 하는지는 당신의 태도에 달려 있다.

· 부정적인 경험들도 긍정적인 기회로 바뀔 수 있다. 그것은 당신의 선택이다.

· 삶에 대하여 '먹을 수 있는 이상'을 먹는 태도를 가져라. 날마다 바이킹 요리처럼 다양한 경험이 마련되어 있을 수도 있다.

고든은 아주 멋진 선물을 받았다. 역사를 바꿀 수 있었던 소중한 선물.
고든은 73년 동안 한번도 그 선물을 열어 보지 않고 간직했다.
그는 굉장한 자제력을 보여줬다. 그러고 나서 그는 죽었다.

레인 비칠리Layne Beachley은 1972년에 호주에서 태어났다. 그녀는 시드니 맨리의 교외 해변에 사는 비칠리 가족에게 입양되었다. 레인은 젊은 사람답게 경쟁이 심한 운동을 좋아했는데 전에는 테니스도 좋아했지만 해변에서 생활하면서 서핑에 완전히 매료되었다.

열여섯 살의 마르고 결단력 있는 이 젊은 서퍼는 남자들이 차지하고 있는 스포츠 분야에서 두각을 드러내고 싶었다. 그래서 그녀는 아마추어 시합들을 건너뛰고 곧바로 프로 계열에 입문하여 호주에서 열린 서핑 대회에 나갔다. 그러나 연습 때 그녀는 파도에서 자기의 자리를 지키는 것도 힘들었다. 잘 다듬어진 서퍼들, 특히 남자들은 그녀를 정말 힘들게 했다. 그러나 이 경험은 오히려 레인에게, 자신이 할 수 있다는 것을 꼭 보여주고 말겠다는 굳은 의지만 갖게 할 뿐이었다.

그녀는 스무 살에 세계 6위에 올라섰다. 그 후 레인은 강도 높은 훈련을 시작하고 다른 여성 서퍼들보다 월등하게 큰 파도를 탈 수 있게끔 단단한 기초를 다졌다.

그러나 레인은 1993년과 1996년에 만성 피로증후군과 함께 두 번의 큰 실패를 겪었다. 회복하기 위해서는 효모, 밀가루, 설탕, 유제품, 과일을 먹지 말고 편히 쉬어야 했다. 이 시간에는 훈련과 서핑이 허락되지 않았기 때문에 레인은 무척 좌절했다. 프로들의 세계에서 다시는 서핑을 하지 못할 수도 있다는 생각이 들었다. 그러나 그녀는 친구의 격려로 천천히 회복하기 시작했다.

레인은 이렇게 말한다.

"당신을 사랑하고 지지하는 사람, 당신을 일으켜 세워주는 사람은 당신 주변에 있습니다."

1996년에 만성 피로에서 회복되었을 때, 레인은 하와이의 일몰해변에서 큰 파도를 타며 여성 대회 우승을 차지했다. 1998년에는 일곱 번 연속해서 세계 타이틀전에서 우승했고 서핑 역사상 여성이나 남성을 통틀어 가장 많이 세계 타이틀전에서 우승한 선수로 남았다.

2003년에 레인은 젊은 여성들이 꿈을 이루도록 돕는 기구인 '별을 향한 목표Aim for the Stars'를 개설했다. '별을 향한 목표'는 그녀 자신이 평생 싸워왔던 것처럼 저마다의 목표에 도달하기 위해 재정적으로 싸우고 있는 젊은 여성들을 돕고자 하는 레인의 소망으로 만들어졌다.

레인 비칠리는 살면서 만난 어려운 상황들에 대부분 성공했다. 그녀는 그 경험들로부터 배웠고 그 때문에 더 강해져서 지금은 정말 훌륭한 사람이 되었다.

Fly

14

리더가 되어 Fly!

당신이 다른 사람에게 그들이 원하는 것을 충분히 해준다면,
당신도 원하는 것을 모두 얻을 수 있다.
– 지그 지글러

추진력을
얻으면
더 빨리 난다

탄력momentum이라는 말은 굉장한 단어다. 탄력은 꾸준히 속도가 증가하지만 더 빠르게 움직이려고 하는 힘이다. 그것은 당신을 앞으로 나가게 하는 추진력이다. 탄력은 인생에 강력한 무기로 사용될 수 있다.

언젠가 당신이 원하는 것을 모두 이루면 그때부터는 당신 자신의 힘으로 앞으로 나아가야 할 때가 온다. 앞에서 언급했듯이 우리가 꿈을 이루는 것은 마치 뜨거운 공기가 열기구에 차서 날아가는 모양과 아주 흡사하다. 풍선이 뜨기 위해서는 많은 준비가 있어야 한다. 소중한 꿈을 공중에 띄우기 위해서는 엄청난 양의 에너지와 힘, 그리고 연료가 소모된다. 일단 풍선이 공중에 뜨게 되더라도 안전한 순항 고도에 진입하고 탄력을 얻기까지는 많은 에너지가 들어가지만, 그러나 본격적인 궤도에 올라서면 약간의 추진력만으로도 앞으로 나갈 수 있다.

> 사람이 살면서 경험하는 가장 위대한 발견과 놀라움은 할 수 없다고 생각했던 일을 할 수 있다고 깨닫는 것이다.
> - 헨리 포드

당신의 꿈도 마찬가지다. 당신이 탄성을 받아 당신만의 꿈과 함께 저 멀리 푸른 하늘을 날아오르고 있는 것을 보게 될 것이다.

예를 들어 거래가 좀 더 쉬워지고, 계약을 규칙적으로 체결하게 되며, 후원자들이 꾸준히 당신을 후원하기 시작하는 것이다. 당신이 하늘로 날아가려고 하면 당신과 뜻이 같은 사람들이 모여든다. 긍정적인 사람은 긍정적인 사람을 끌어당기게 되어 있다.

이 점에서 내가 하고 싶은 충고는, '느린 속도에 정착하지 말라'는 것이다. 할 수 있는 한 탄력을 얻어라. 더욱 빨리 달릴 수 있다면 더욱 많은 곳을 여행하게 될 것이고 결국 더 많은 재미를 맛볼 수 있다.

fly 어제로부터 배워라. 오늘을 위해 살아라. 내일을 희망하라. 중요한 것은 질문을 멈추지 않는 것이다.

－ 알베르토 아인슈타인

최고의
승무원을
얻어라

　이만큼 당신의 꿈을 진행하기 위해서는 당신을 강력하게 지지하는 그룹을 모아야 한다. 이 사람들이 이륙을 도울 것이다.

　당신의 승무원으로 적합한 사람을 어떻게 선택할까? 그것은 꽤 쉬운 일이다. 왜냐하면 그 사람들은 특별히 당신이 무언가를 시작하려고 할 때 도와주고 싶어하고 대부분의 경우는 대가 없이 해주길 원한다는 뚜렷한 특징이 있기 때문이다. 적합한 멤버들이 당신 주변에 있는지 그들은 잘 알 것이다.

　누구라도 조언해줄 수 있는 실용적이지 못한 충고처럼 들리는가? 그러나 나에게는 효과가 있었다. 자신의 배짱을 믿고 자신의 심장과 함께 나아가라는 것이다!

　당신의 여정에 다른 사람을 탑승시킨다는 것이 꿈을 달성하는 데 가장 보람된 부분이라는 걸 당신은 알게 될 것이다. 당신의 꿈이 성공했는지 그렇지 못한지, 그리고 당신이 성공한 건지 아닌 건지를 알아보는 가장 좋은 방법은 스스로에게 이런 질문을 하는 것이다. 얼마나 많은 사람들이 내가 성공하도록 돕고 있지?

리처드 브랜슨이 좋은 예가 될 것이다. 버진 상표를 통한 성공으로 그는 셀 수 없이 많은 사람들의 꿈이 성취되도록 도왔다. 호주 버진 블루 항공사의 대표였던 브렛 갓프리Brett Godfrey가 그 한 예다. 그의 꿈은 호주에서 국영 저가 항공사를 운영하는 것이었다. 리처드는 그를 믿고 함께 버진 블루 항공사를 시작했다.

사람과
함께하는
힘

동료 집단에게서 받는 압박감은 사람들에게 큰 영향을 미친다. 그런 영향은 학교에서나 있을 것 같지만, 사실은 어느 곳에서나 일어나는 현상이다. 예를 들어 조직 사회, 스포츠 커뮤니티나 정치 조직에서도 찾아볼 수 있다. 동료로부터 받는 압박감은 어디에나 존재한다.

그런데 사람은 이런 압박감을 넘어 용납받고 싶어한다. 사람이 용납받고 받아들여지길 원하는 것은 본능적인 필요와 열망이다. 그것은 우리의 생존을 위한 중요한 요소다.

'동료 집단의 압력'이라는 용어에는 부정적인 의미가 들어 있다. 사람들은 그저 튀지 않기 위해서 가끔 미친 짓을 하고 미성숙한 행동을 할 때가 있다. 첫째로 담배를 피우는 것이 그렇다. 또 마리화나가 그렇다. 단순히 누가 용기 있는지를 가려내기 위해서 나도 그런 미친 짓들을 많이 했었다. 용기 때문에!

열네 살 때는 정말 간절하게 친구들과 어울리고 싶었는데 그 중에서도 특히 '몬그렐 도그즈Mongrel Dogz'라는 엘리트만 있는 서퍼 그룹에 끼고 싶었다. 이 집단에 들어가기 위해서는 가입 시험을 통과해야만 했다. 가입 시험은 회원 두 명이 팔을 하나씩 잡고 피가 나올 때까지 세게 그리고 가능한 한 오래 무는 것이었다. 만약 소리를 지르거나 눈물을 흘리면 시험에 떨어지게 된다.

이것이 동료로부터 부정적인 압박을 받는 하나의 사례다. 그러나 동료의 압박에는 부정적인 것만 있는 게 아니다. 그렇다면 동료의 긍정적인 압박은 어떤 것일까? 동료들은 내가 더 배우도록 만든다. 동료들이 큰 거래를 성사시켰을 때 직장 동료들과 함께 기뻐할 수 있고, 또 친구의 성공을 축하해주며 그것에 자극을 받아 자신의 발전을 이루는 기폭제로 사용할 수 있다.

격려는 멋진 일이지만 서로 깎아내리는 것은 그렇지 않다. 당신을 깎아내리려고 하는 사람들은 너무 게을러서 스스로를 위해서는 아무것도 하지 않고 어떤 것도 성취하려 하지 않는 부류의 사람들이다. 그들은 당신을 의도적으로 깎아내리기 때문에 당신은 아마 그들이 얼마나 작은 자들인지 밝히고 싶지도 않을 것이다.

긍정적인
에너지를
주고받자

2003년 주 선거 기간에 나는 우리 선거 팀에서 동료로부터의 긍정적인 압박이란 게 무엇인지 확실히 목격했다. 사람들은 돌아가면서 계속해서 놀라운 일을 해냈다. 우리는 서로를 축하하고 나머지 사람들은 어떻게 하면 자신도 그런 일을 하거나 아니면 더 나은 일을 할 수 있을지 모색했다. 이런 분위기는 팀에 긍정적인 영향을 미쳤다.

우리는 긍정적인 모든 대중 매체 기사를 모으기 시작했다. 그것은 놀랄 만한 것이었다. 나는 심지어 패배한 후 다른 후보에게 축하 전화를 할 때조차 우리 선거 본부가 달려왔던 방법이 최선의 길이었음을 확신했다.

상대편 후보는 네 번의 선거를 치른 여성 후보였다. 16년의 정치 경력을 가지고 있는 것이다! 그녀는 나에게 이번 선거는 자신이 치러본 선거 중 가장 치열했지만 또 가장 재미있는 선거였다고 말하며 우리 팀이 했던 모든 것에 경의를 표했다.

이것을 통해 나는 분명히 확신할 수 있었다. 동료의 긍정적인 압력이 효과를 발휘한 것이다.

우정의 달콤함 속에서 웃고 기쁨을 함께 나누자. 아주 작은 이슬방울로 인하여 마음은 아침을 기다리고 상쾌해진다.

- 칼릴 지브란

　동료가 긍정적인 압박을 가할 때 좋은 점은 건강한 경쟁 관계가 형성된다는 것이다. 여기에 '약육강식'이나 '상대를 꼼짝달싹 못하게 하기' 등의 자세는 찾아볼 수 없다. 만약 한 사람이 훌륭한 일을 했다면 나머지 사람도 모두 기분이 좋아질 수 있다. 너무 이상적인 소리로 들리겠지만, 나는 이것이 효과가 있다는 걸 잘 알고 있다.

　우리는 이런 식으로 생각을 하는 것에 겁을 내고 있다. 왜냐하면 그렇게 하기 위해서는 용기가 있어야 하고 사심을 버려야 하며 헌신하는 마음이 있어야 한다고 여기기 때문이다. 그러나 이제 우리가 진실이라고 알고 있는 것을 시작해야 한다. 구약 성서에 "뿌린 대로 거둔다."라는 말이 있다. 어떤 이는 "남에게 잘못하면 그대로 돌아온다."라고 말하기도 한다. 어떤 사람들은 그것을 카르마Karma라 부르기도 한다.

　거기에 어느 이름을 갖다 붙이든 간에, 진실은, 당신이 심은 것만 거둬들일 수 있다는 것이다. 당신이 어디에 있든지(학교, 일터, 운동 팀, 파트너와 함께하는 훈련, 가족들) 동료 간의 긍정적인 압박 관계를 세워라.

　꿈을 실현하고 열정적으로 살기 때문에 얻어지는 긍정적인 것은 너무나 많다. 그러니 동료 간에 그런 분위기를 쉽게 조성할 수 있을 것이다. 특히 주변에 긍정적인 사람들이 많을 경우 더욱 쉬워진다.

파이어스톰firestorm이란 불길이 너무나 강력한 나머지 점점 더 강하게 타오르다가 마침내는 모든 것을 태워버리는 불의 폭풍이다. 절대 꺼질 수 없는 불, 주변의 모든 것에 불을 지른다.

난 열정과 꿈을 가지고 내가 만나는 모든 사람들에게도 동일한 열정과 꿈의 불꽃을 피우기 위해 노력했다. 난 불꽃으로서의 삶을 살기 위해 열심히 노력했다.

불의 삶을 살기 위해서는 비판과 공개적인 감시를 받아들이고 자기 자신의 많은 부분을 포기해야 한다. 무엇보다 중요한 것은 내 스스로가 리더가 돼야 한다는 것이다. 내가 가보지 못한 곳으로는 다른 사람들을 인도할 수 없고, 내가 배우지 않았거나 경험하지 않은 것을 남에게 가르칠 수 없으며, 내가 가지고 있지 않은 것을 남에게 줄 수는 없다!

> 위대한 일을 한다는 것은 어렵다. 위대한 일을 지도하는 것은 더욱 어려운 일이다.
> – 프레더릭 니체

리더가 되기 위해 꼭 세계적으로 유명한 운동선수가 되거나 에베레스트 산을 등반해야 할 이유는 없다. 단 하나 필요한 것은, 남들과는 다른 생각을 가지는 것이다. 다른 이들의 시선을 찌푸리게 하는 특이한 다름이 아니라 모범이 되는 다름이다. 당신의 잠재력을 실현함으로써 다른 이들에게 영감을 줄 수 있는 사람이 되길. 무리를 따르지 말길. 역류해서 수영하는 사람은 반드시 사람들의 관심을 받게 돼 있다.

전에 한 번 만난 적이 있는 한 연사는 비슷한 경쟁자들로 가득 찬 곳에서 어떻게 하면 돌파구를 마련할 수 있는지에 대한 질문에 대해 다음과 같이 말했다.

"한 무리의 양 떼를 보십시오. 전부 하얀데 한 마리만 까맣습니다. 어떤 양이 당신의 눈에 들어오겠습니까?"

"당연히 까만 양이죠."라고 질문한 남자가 대답했다.

"그렇습니다. 하지만 전부 다 똑같은 양입니다. 당신은 다른 이들이 하지 않는 것을 해야 합니다. 그러지 못한다면 결국 옆에 있는 양과 똑같이 되고 당신에게 관심을 줄 이유는 아무것도 없습니다. 안 그렇습니까?"

리더가 되어
변화를
이끌어내라

다른 사람들이 따를 수 있는 기준을 제시하라. 당신 스스로에게 충실하고 진실한 사람이 되어라. 다른 사람들이 따를 수 있는 새로운 길을 개척하라. 다른 사람들로 하여금 당신이 가지고 있는 훌륭한 점들을 보게 하라. 독수리가 되어라. 다른 사람들로 하여금 당신이 비상하는 것을 보게 하라.

난 위엄 있게 생긴 독수리가 하늘을 가르며 비상하는 것을 보고 "지루하군."이라고 말하는 사람을 한 번도 보지 못했다. 독수리는 상상력을 자극하고 가능성을 보여준다.

우리의 열기구가 다른 사람들이 따라올 수 있는 희망의 등대가 되도록 할 수 있다. 내 생각에 열기구는 비행기만큼이나 훌륭하다. 열기구가 날아가는 것을 볼 때마다 많은 사람들이 멈춰 서서 감탄한다. 열기구를 타고 높은 상공을 날면서 당신의 모든 잠재력을 실현하는 모습은 다른 사람들도 자신들의 꿈을 추구하도록 영감을 줄 수 있다.

겨우 열일곱 살에 전 세계를 항해한 제시 마틴을 보라. 이 젊은 청년이 자신의 꿈을 이루며 사는 모습을 보며 남녀노소를 불문하고 얼마나 많은 사람들이 영감을 얻었을까? 아마 적지는 않았을 것이다.

또 사람들에게 영감을 주는 사람이 된다는 것의 최고 매력은, 다른 사람들이 당신에게 직접 말해주기 전까지는 자신은 그 사실을 모른다는 것이다. 당신은 단순히 자신의 꿈을 실현시켰을 뿐이다. 모두가 윈윈한다. 그리고 당신은 본래 당신의 지어진 목적대로 당신이 속한 사회에 중요한 자원이 된다.

마지막
도전
과제

　나는 당신을 도전한다! 나가서 당신의 꿈을 실현시켜라! 리더가 되고 다른 사람들에게 감동을 주어라! 당신의 본래 지어진 목적대로 승리자가 되어라! 부정적인 것들은 없애버리고 긍정의 사람이 되어라. 당신의 인생을 한번 살펴보라. 당신은 이 세상에 제공할 것이 너무나 많다. 당신의 내면에는 엄청난 열정이 있다. 만약 세상이 당신을 무너뜨리고 복종하게 만들었다면 그 경험을 바탕으로 내면의 열정에 불을 지펴라. 자신과 미래에 대한 불신은 잊어버려라. 이런 생각은 아무짝에도 쓸모가 없다. 의구심은 기쁨과 가능성을 앗아간다. 의심을 버려라!

　불꽃의 인생을 살아라! 당신의 인생이 너무나 뜨거운 나머지 당신과 만나는 모든 사람들이 자신들의 희망과 비전으로 뜨거워질 수 있도록 하라. 사람들은 낙관적이고 삶을 긍정하는 사람 주위에 있기를 원한다. 이런 사람들과 같이 있으면 즐겁다. 인생이란 원래 즐겁게 누리고 경험하며 살아야 하는 것이다. 다른 사람들과 팀을 형성해서 같이 일하라. 사람들과 교제하고 그들을 이용하려 들지 마라. 그러면 그들은 당신과 같이 있고 싶어하고 당신은 평생의 우정을 얻게 될 것이다.

당신 안의 열정에 불을 지펴라. 꿈을 띄워서 어디로 가든지 당신과 함께 있도록 하라. 불가능은 없다. 실패의 두려움은 버리고 별을 향해 겨냥하라. 실패란 당신이 포기할 때만 찾아온다. 별과 달을 향해 달려간다면 적어도 우주까지는 나아갈 수 있다.

나는 여러분에게 이 말을 남기고 싶다. 내가 하는 말을 늘 기억하고 특히 상황이 어려워질 때 꼭 기억해주기 바란다.

"당신 눈앞의 장애물보다 당신 안의 힘이 더 크다."

당신 안의 힘이란 바로 당신의 가능성과 소명을 의미한다. 당신의 꿈의 원천이고 당신의 모든 열정이 시작하는 곳이다. 이 힘은 돌파구를 찾고 역사를 만들며 세계를 뒤흔드는 사람이 되게 해줄 것이다. 그렇다, 나는 여러분이 세상에 나가서 꿈을 이룰 것을 도전한다. 당신이 비상할 수 있도록 자유로워져라!

tip

· 꿈을 현실화하는 데는 탄력이 제일 중요하다.

· 꿈이 올바른 방향으로 나가게 하는 것보다 더 많은 에너지와 힘을 요하는 것은, 꿈을 일단 하늘로 띄우는 것이다.

· 당신 성공의 한 부분은 다른 사람이 성공할 수 있도록 돕는 것이다.

· 주변에 긍정적인 사람들이 많다는 것은 엄청난 차이를 만들어낸다. 모두가 서로의 성공을 통해 유익한 영향을 받을 수 있다.

· 우리는 주변 사람들의 꿈에도 불을 붙일 수 있다. 당신이 불꽃이 될 수 있다.

다보는 때때로 그의 초인적인 힘을 연습하고 싶은 충동을 느꼈다.

그러나 연습을 많이 하고 나면 낮고 싶은 충동을 억제할 수 있었다.
그래서 다시 앉아서 쉬었다.

어니스트 섀클턴Ernest Shackleton은 내가 알고 있는 가장 긍정적인 리더 중 하나다. 인듀어런스호를 타고 남극으로 향했던 그 불운의 원정에서 살아남아 돌아오기 위해 그와 승무원들은 긍정적인 태도를 가질 수밖에 없었다!

1874년, 아일랜드 남부에 있는 카운티 킬데어의 킬키아에서 농부의 아들로 태어난 그는 후에 의사가 되었다. 그러나 섀클턴은 아버지의 소원인 의학 공부보다는 바다를 항해하는 것을 더 좋아했고, 그래서 열여섯 살 때 한 상선의 선원이 되었다. 초기에는 로버트 스콧Robert Scott 선장이 이끄는 남극 탐험대에 합류하기도 했다. 1908년, 섀클턴은 님로드Nimrod라는 포경선을 타고 자신의 탐험대를 이끌었다. 그와 그의 선원들은 그 누구도 가본 적이 없는 남극의 끝, 즉 남극의 156km 반경에 처음으로 발을 디뎠다. 섀클턴은 선원들의 생명을 구하기 위해 남극으로 돌아간 것으로 인해 후에 크게 유명해진다.

1914년에 어니스트 섀클턴은 그의 유명한 남극 탐험대를 이끌고 남극으로 향했다. 계획은 웨델 해협에서 로스 해협까지 남극을 경유해 항해함으로써 남극대륙을 가로지르는 것이었다. 총 2,896km나 되는 거리였다. 1915년 초, 남극대륙을 떠난 지 단 하루 만에 인듀어런스호는 총빙에 걸리게 되었다. 그로부터 11개월 후인 1915년 11월, 인듀어런스호는 마침내 부서졌고 침몰한다. 본토로 가는 고된 여행을 준비하기 위해 섀클턴은 선원들에게 개인 짐을 오직 2파운드(1kg이 채 안 되는)만 가져갈 수 있다는 명령을 내렸다. 그리고 본보기로 자신의 금시계, 금 담배 케이스, 금화를 버렸다.

그 후 이어진 놀라운 인간승리의 여정으로 섀클턴의 낙관주의와 탁월한 리더십은 전설이 되었다. 탐험대의 과학자 중 하나였던 토머스 오드리스Thomas Orde-Lees는 자신의 일기에 "섀클턴은 유머와 희망에 가득 찬 모습 외에는 다른 모습을 보여준 적이 없다."라고 기록하고 있다. 섀클턴의 격려와 낙관주의, 그리고 고급 선원과 하급 선원을 차별하지 않는 공평한 대우는 선원 모두의 마음에 희망을 불 붙였고 결국 모두가 살아 돌아올 수 있었다.

그들은 빙원 위에 캠프를 세워야만 했다. 그들은 펭귄과 물개를 잡아먹으며 연명하다가 나중에는 사랑하던 썰매 개들까지 죽일 수밖에 없었다. 결국 실패로 돌아갔던 두 번의 본토를 향한 전진으로 섀클턴의 리더십이 도마에 놓이기도 했지만 섀클턴은 모든 선원들이 하나의 노련한 팀으로 남을 수 있도록 격려하였다.

1916년 4월 16일, 남반구의 여름이 끝나갈 무렵, 얼음이 너무 많이 녹아 그들은 세 대의 구명보트를 타고 앞으로 가야 했다. 모든 선원들은 배탈로 고생하면서 일주일 동안 노를 저었고, 다행스럽게도 남극

반도 가장자리 근처의 엘레펀트 섬에 도달할 수 있었다. 바위와 얼음 밖에 없는 이 황량한 섬에 머물다간 죽을 수밖에 없다는 것을 안 섀클턴은 다섯 명의 선원과 함께 죽기 살기로 길이 6.7m의 제임스 캐어드 James Caird 구명보트를 타고 사우스조지아 섬으로 향했다. 도중에 허리케인과 집채만한 파도를 만나기도 했다. 섀클턴과 선원들은 17일 동안 거의 1,300km라는 장거리를 노를 저어 항해했다. 오늘날까지도 이 항해는 소규모 보트로 이루어진 가장 위험한 항해로 기록되어 있다.

섬에 도달한 섀클턴과 프랭크 워슬리 선장, 톰 크린 이등 항해사는 아무도 와본 적이 없는 산으로 된 섬을 35km나 걸어서 해가 떨어지기 전에 스트롬니스 고래잡이 본부에 도착했다.

섀클턴은 나머지 충성스러운 선원들을 구해내기에 필사적인 노력을 했다. 꽁꽁 얼어붙은 얼음 때문에 세 번의 시도가 모두 실패로 돌아갔지만 결국 네 번째 시도에서 나머지 선원들을 구하는 데 성공했다. 1916년 8월 30일, 칠레의 한 배를 타고서 엘레펀트 섬에 도착했을 때, 섀클턴의 배에 타고 있었던 선원들 중 목숨을 잃은 사람은 단 한 명도 없었다.

선원들에게 희망을 주고 살고자 하는 의지를 심어준 것은 어니스트 섀클턴의 긍정적이고 용기를 북돋아주며 낙관적인 리더십이었다. 선원들의 마음에 있었던 희망의 불꽃은 그들을 이끌었던 불꽃, 섀클턴에 의해 지펴진 것이다.

나의 인생에는 강력하고도 적극적으로 나를 지원해준 승무원 역할을 한 동료들이 많이 있다. 아내인 테리사부터 시작하자.

그녀는 내 인생의 최고이고 그녀 없이는 아무것도 의미가 없다. 그리고 나의 세 명의 놀라운 아이들, 한나, 조시, 그리고 미카. 이 아이들도 항상 나를 격려한다. 다른 승무원으로는 친구 브렛과 경영 매니저인 토머스, 그리고 항상 나를 도울 준비를 하고 도와주는 것 외에는 하시지 않는 나의 어머니(한 번도 부정적인 조언을 해주신 적이 없다)가 있다.

또한 첫 여행지인 서사모아로의 여행에 재정을 지원해준 마크 프리스트와 돈 맬베넌, 코코다 여행을 지원해준 알 패디슨, 그리고 항상 지원을 아끼지 않는 브렛과 테스, 늘 사업적인 조언과 미디어를 포함하여 사람들을 소개시켜 주고 두엇보다도 진실한 친구가 되어주는 애덤 샌드에게 감사를 표한다.

또한 맥 필즈의 처키와 크리스, 맥 은행의 베브 베이커, 그리고 우리가 정말 힘들 때 재정적으로 도움을 준 믹과 론다가 있다.

지상 요원 역할을 해주신 이 모든 분들께 나는 정말 감사의 말을 하고 싶다.

　나는 또한 핀치 출판사에 특별한 감사를 드리고 싶다. 샘은 지칠 줄 모르는 노력으로 내가 편집과 콘셉트를 잡아가면서 수정하는 작업을 도와주었고, 원고 마감 날까지 폭넓은 이해와 긍정적인 압박을 가했다. 제인은 편집에 너무나도 많은 수고를 쏟았으며 캐럴은 미디어와 시장에 열정적으로 광고해주었고, 그리고 물론 렉스를 빼놓을 수는 없다.

　나를 믿어주고 신뢰해주고 글을 쓸 수 있게 해준(어떻게 이 감사를 다 표현할 수 있을까?) 너무 고마운 사람들이다. 모두들 너무 감사하고, 당신들 모두가 아주 특별한 지상 요원들이었다.

　이 책은 꿈을 꾸고 있는 이 세상의 모든 분들에게 바치고 싶다. 인생의 가능성을 심사숙고해보고 불가능한 것에 도전하는 사람들, 가족과 또 친구들과 함께 사업 현장에서나 스포츠 분야에서 매일의 도전에 부딪치는 평범한 사람들, 그러면서도 꿈꾸는 사람들에게 이 책을 바치고 싶다.

　당신의 꿈이 무엇이든 간에(집을 사는 것이든, 가족을 부양하는 것이든, 이름을 날리거나 단순히 집세를 내는 것이든), 그리고 당신이 누구이든 간에 만약 당신이 감히 꿈꾸고 있다면 이 책은 당신의 것이다.

당신은 하늘을 날 수 있는 허가를 이미 받았다!

– 브렛 머레이Brett Murray

상처받은

세상 모든 청춘아,

괜찮다

한번쯤
넘어져도
괜찮아

초판 1쇄 인쇄 2012년 5월 25일
초판 1쇄 발행 2012년 5월 25일

지은이 브렛 머레이
옮긴이 윤서연
펴낸이 박영철
펴낸곳 오늘의 책

마케팅 정복순
관리 안상희
책임 편집 김정연
외주 디자인 홍시

주소 121-894 서울시 마포구 잔다리로7길 12 (서교동)
전화 02-322-4595~6 **팩스** 02-322-4597
이메일 tobooks@naver.com
블로그 blog.naver.com/tobooks

등록번호 제 10-1293호(1996년 5월 25일)

ISBN 978-89-7718-331-5 13320